臼井由妃

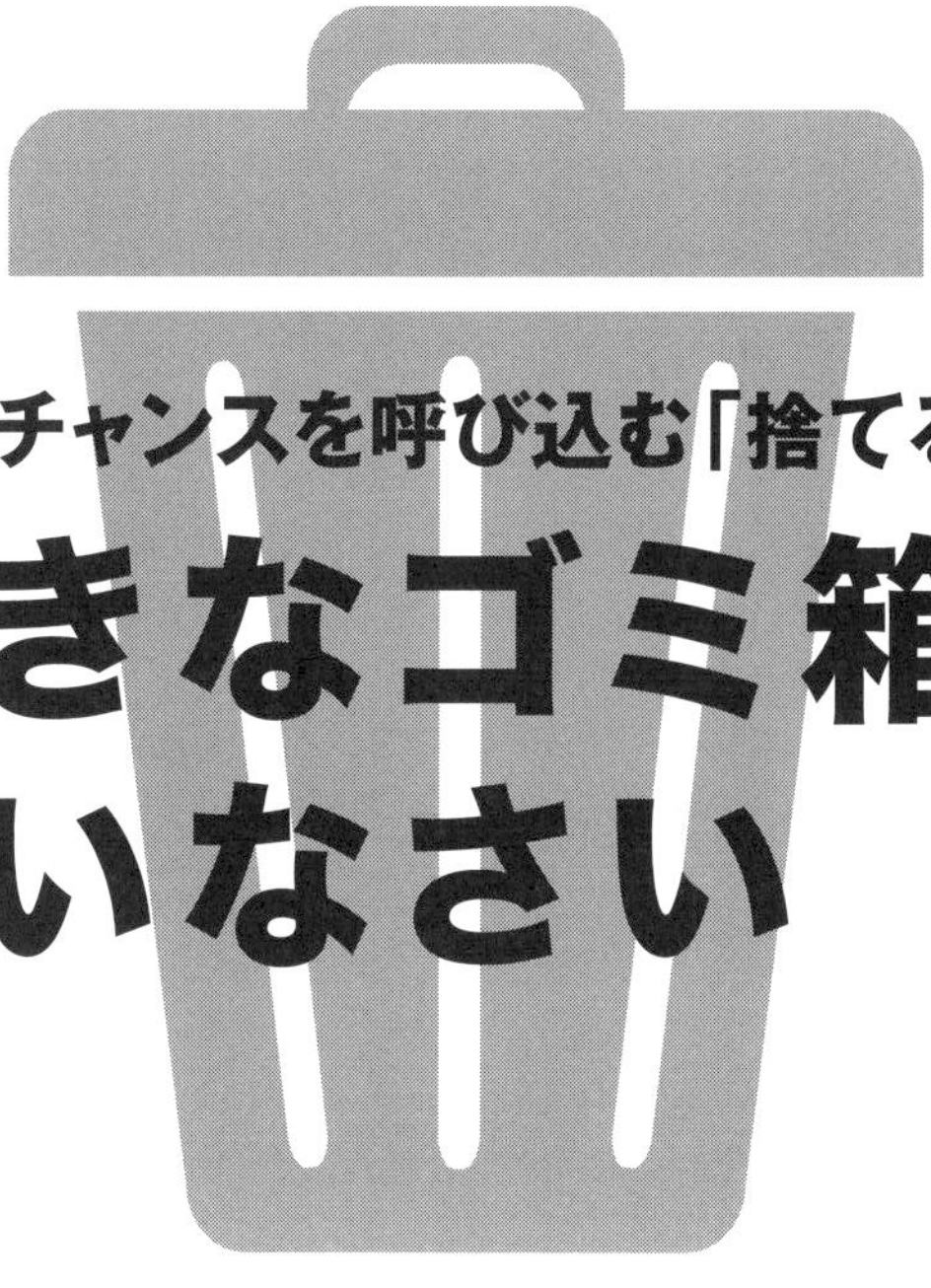

幸運とチャンスを呼び込む「捨てる」法則

大きなゴミ箱を買いなさい

ダイヤモンド社

プロローグ

ツキを迎えるには「受け皿」が必要です

捨てれば捨てた分だけ新しい運が舞い込みます

病身の主人の跡を継いで、何の経験もなかった私が経営者として歩み出したとき、私はすべてのものを捨てました。

見栄、体裁、メンツ……、プライド、ささやかな自信までも。

それまで会社で働いていた社員とも縁を切り、主人が培ってきた会社の実績や栄光も手放しました。

正確には捨てざるを得ない状況に追い込まれたのですが、その後、「捨てる」ことが驚くほど新しい素晴らしい運を呼び込むことに気付き、自分から積極的に捨てるようになりました。

長年使っていた家具やお気に入りの洋服、思い出の詰まった品物も、とにかくすべてを捨てて、新しい世界へと歩み出したのです。

プロローグ

28歳年上の会社経営者だった主人と恋に落ち、玉の輿のつもりで嫁いだものの、わずか3ヵ月後に主人は末期がんの宣告を受けてしまいました。

今考えれば主人には申し訳ない限りですが、お金の心配をしないで暮らせると安心していた私は、

「私って、ついていない……」

そう考えて主人を恨んだりもしました。

当時、主人の会社には後継者がいませんでした。それまで主人は健康に人一倍注意していましたから、まさか自分が病に倒れるとは想像もしていなかったのでしょう。

当時販売していた商品は通販市場でヒットをしており、会社の行く末は安泰だと高をくくっていたところもあります。

ところが、そんな甘さが、後にとんでもない事件を引き起こす原因になったのです。

病に倒れた主人は、ピンチヒッターのつもりで私を後継者に指名しました。

当時、がんが患者に告知されることはまれでしたから、主人は「すぐに仕事に復帰

できる」と考えていました。だから、軽い気持ちで私に白羽の矢を立てたのです。

「名前だけの経営者でいいから」と。


そして……。経営者として歩み出してまもなく、事件が起こりました。

主人の片腕として働いていた社員による商品の横流しが発覚したのです。

他の社員や工場も巻き込んで会社ぐるみの犯行でした。知らなかったのは、主人と私だけ。

損害額は3億円にも及んでいました。

当然ながら、仕入れ先への支払いに困り、商品を作る原材料を買うお金にも事欠き、売れている商品なのに供給できない、お客様はいるのに商品をお渡しできない状況になったのです。

はた目には儲かっているはずの会社なのに、資金繰りに追われる毎日。倒産するのは、時間の問題でした。

周囲に頭を下げて金策に奔走しましたが、焼け石に水。とことん追い詰められました。

プロローグ

それまで会社勤めの経験すらまともになかった私は、不本意な現実にただ泣くばかり。「どうして私ばかり、つらい目にあうのだろう」と結婚したことまで後悔し、周囲の人を恨みました。

自分には泣くことしかできない……。そう思っていました。

でも、泣くだけ泣いたからでしょうか、ある日、自然と「涙と決別しよう！　これまでの頼りない自分を捨てよう」と強く思ったのです。

現状を受け止め、決して弱音は吐かない。どんなときでも、あふれんばかりの夢や本気や将来への希望を持って生きる自分に変わろうと決めたのです。

そのための一歩として、自分の周りを一新しよう、今まで使っていたものだけでなく、過去の経験や思い出も捨てようと考えました。

「あのころはよかった」と悦に入っている間は、何も生まれないからです。いくら自分が変わろうとしても足を引っ張り、成長に歯止めをかけるだけです。

あなたも、まずは部屋に溜まったいらないもの——もう読まない雑誌や本、着ない服を捨てるところから始めてみてください。

大きなゴミ箱を用意して、思い切って捨てましょう。

すると、どんどん気持ちが整理され、穏やかになっていきます。

心の中に新しい風が吹き始めます。不思議と力がわいてきます。

捨てることで、人は生まれ変われるのです。


ときどき、「ものが捨てられなくて」という人がいます。そういう人は「捨てること」を「失うこと」だと思っているのかもしれませんね。

でも、そうではありません。むしろ、**「新しいチャンスや出会いを呼び込むスペースを作ること」**にほかならないのです。


捨てるのは、ものだけではありません。

人間関係や時間、自分を取り巻く森羅万象のうち、足かせになっているものすべてです。

不思議なことに、思い切って「これまで」を捨てると、その分だけ必ず新しい出会いや運が舞い込みます。身軽になった分、フットワークが軽くなって、新しい考え方ができるようになり、**新しい自分にふさわしい「新たな人生」が始まる**のです。

実際、私は「捨て上手」になってから、人生がガラリと変わりました。それまで話す機会さえなかった業界の大物と呼ばれる方が顧客になってくださったり、人を紹介してくださったり。心を許せる友人ができ、私を応援してくださる方が次々に現れ、**驚くような幸運が続くようになりました**。

人は困難にあうと、そこから立ち上がろうと新しい道を模索します。あるいは平和な毎日に飽き足らず、新しい世界を目指そうと考えます。

しかし、多くの人が愚痴や不満や口にしながら、何ひとつ変えることができず、ただ時間が過ぎていくばかり。

なぜ口では「変わりたい」と言いながら、変われないのでしょう?

それは捨てられないから、です。

私は思い切ってプライドや見栄、メンツを捨て、嫌な人とは手を切り、つまらない付き合いを捨て、倒産寸前の会社の経営に取り組みました。

勝算などなく、不安でいっぱいでした。

でも、捨てたとたんに、私の中にさわやかな風が吹き始めたのです。

もう一度生まれ変わって、チャンスをもらえたような。

お金がなく、経験もない、コネもない私だってきっとうまくいく、幸せになれるはず……。そう感じて、私は自然と笑顔になっていたのです。

それからは、誰に会っても素直になれて、みんなが私を温かく迎えてくれているような不思議な感覚になりました。

実際、商品のアイデアをいただいたり、お客様を紹介していただいたり、支払いが遅れて不義理をしていた仕入先から「気にしないでいいから、いい商品を作ってください」と、原材料を分けていただけたり……。

次々と素晴らしいものたちが押し寄せてくることに驚き、ただただ感動しました。

そう、捨て始めたら、自然と自分の心が開いていき、それにつれてプラスになるものがどんどん引き寄せられてきたのです。

過去に縛られ、人やものに執着しているうちは、心は閉じたままです。冷静に周囲を見ることができませんし、新しい出会いやチャンスにも気づかない。たとえ気づいたとしても、拾うことができません。

捨てることで得られるさまざまな恩恵を知らないなんて、もったいないことだなぁとつくづく思います。

そうして……。会社は、わずか3年で息を吹き返すことができました。

新しいお客様がどんどん増えて、想像以上のお金や愛情あふれる人間関係までいただくことができたのです。

今年で経営者として18年。

その間、さまざまな試練や困難がありました。

それでも負けずに明るく楽しく生きてこられたのは、失うものに執着せず、**思い切って捨ててしまえば、必ず新たなチャンスや気づきや愛情、豊かさが舞い込む**ことを知っていたから、です。

これからの人生を輝きに満ちたものにしたい。

幸せになりたい。

そう望むのならば、つまらない執着や見栄、今のあなたには必要のない過去のものたちを捨てましょう。

捨てることで、新しいものが入り込む「受け皿」を用意するのです。

いいものたちが喜んでやってくるには、受け皿が必要なのです。


本書では、私の体験や幸せな成功者と言われる人たちの実例をふまえ、嫌なものを**賢く捨てる方法**や、成功するために必要な**幸運の種の拾い方**をお話ししていきます。

種を育てるのはあなたです。必ず芽が出て花が咲く。

あなたに幸運が舞い込むことを、私は確信しています。

臼井由妃

大きなゴミ箱を買いなさい

CONTENTS

プロローグ

第1章

捨てれば「幸運体質」に変わります

第2章

「成功」を引き寄せる捨て方

第3章 「豊かさ」を引き寄せる捨て方

第4章

運を引き寄せる「外見」の作り方

第5章

運がいい人は知っている「人付き合い」のコツ

第1章

捨てれば「幸運体質」に変わります

いらないものを捨てるだけで人生は大転換する

チャンスをつかんで成功したい。
幸せになりたい。
誰もが願うことでしょう。
そのために一生懸命勉強をし、努力を重ねている人がたくさんいます。
でも、思うようにいかない。
そんなふうに感じている人が多いのもまた事実です。
どうすれば、ほしいものが手に入るのでしょうか？
どうすれば、チャンスをつかめるのでしょうか……？

あなたが、もっと幸せを引き寄せたい、本当にほしいものを手に入れたいと願うなら、まずは身の周りにあるいらないものを捨てることから始めましょう。

それは、自分自身を見直すことでもあります。

いらないものを捨てるだけで、人生は大きく変わります。

行動することをためらったり、悩みや心配事が増えるときには、必ずと言っていいほど、よけいなものや人間関係に支配されています。

信じられないと思うのなら、オフィスにあるあなたの机をチェックしてみてください。

仕事がうまくいっていないときには、机の上は書類で散らかり放題、引き出しの中はいつ使ったわからない書類やノート、伝票、筆記用具の類であふれかえっていたり、ごみ箱もいっぱいだったりするはずです。

机を見れば、その人の仕事の能力がわかります。生き方だってわかるのです。

なんだか毎日パッとしないという女性の方なら、クローゼットや冷蔵庫などの収納場所がいっぱいのはずです。

こんな状況でチャンスを引き寄せようとしても、うまくいきっこありません。

まずは、「今持っているもので、いらないもの」をより分けて、捨てましょう。
それは、「あなたの運を下げているものたち」だからです。

かつて、私の机も目を覆うような状況でした。

「仕事が忙しいから、片付けられない。片付かないのは仕方がない」と自分で自分に言い訳をし、机の上は本や書類やＤＭで占領され、書き物をするスペースもない有様でした。

当時の私は、経営者にはなったものの、自信も将来への展望もなし。いくら努力しても、何ひとつ思うように運びませんでした。

社員による商品の横流し、家族との不仲、主人の重篤、取引先の倒産……。私自身も顔面神経痛を患ったりと、悪いことが続きました。

なぜ、不運なことばかり続くのかしら？

なぜ、うまくいかないのかしら？

私は自分自身を見つめ直しました。

そして気付いたのです。シンプルな事実に。

今までのやり方に問題があるから、うまくいかないのだ。

だったら、捨ててしまおう。

不運なことばかり続くのは、「運を下げるものや人たち」に自分が支配されているからだ。

だったら、それも手放そう。


手始めに、机周りの整理に取り掛かりました。インクの切れたペンや古い資料、引き出しの中にしまいこんだままのカタログや雑誌を捨てました。

机の上にうず高く積まれた書類も、思い切って捨てました。ペン立てやスケジュール帳、電話など、机の上のものの位置も、新しく変えてみました。

すると、気持ちが大きく変わったのです。

心の中をさわやかな風が吹いて、頭の中もすっきり。仕事の能率が格段に上がりました。

私は、**「捨てること」には、新しいチャンスをつかんだり、幸運を導く要素がある**と確信しました。

さあ、あなたも「捨てること」を始めましょう。

まずは仕事です。

どうもうまくいかないときや集中できないときは、思い切って今までのやり方を捨てましょう。

過去、その方法で成果が出たとしても、捨てる。

今ではもう通用しない過去の経験を物差しにしているから、判断を誤るのです。

実際、古い考えに縛られていたためになど、倒産していった会社を私は何社も見てきました。

周囲からどう見られるか、評価されるかと気にする「こだわり」や、かつての成功体験からくる「プライド」も捨てましょう。すると、自然と仕事への取り組み方が変わってきて、素晴らしい評価を受けたり、チャンスが巡ってきます。

それから、**人間関係**。

人付き合いは大切ですが、いつまでも古い人間関係に縛られていては、新しい出会いはやってきません。あなたの前を素通りしていきます。

相手の顔色をうかがって付き合う、疲れや違和感を覚えるのに付き合う。そんな覚えがあなたにあるならば、それは「人間関係を整理しなさい」「新しい出会いを求めなさい」という無言のメッセージです。

人間関係を整理する（捨てる）のは、勇気のいることかもしれません。人目も気になりますし、不安も感じるでしょう。捨てることに踏み出せないのはよくわかります。しかし、本当に大切な人と出会えるのは、自分自身が人間関係に心地良さを感じている状態のときです。人間関係に疲れやストレスを感じているときに、いい出会いは手にできません。

私も、長年頭を悩まされていた知人との付き合いを一切やめてから、不思議なくらい人との縁に恵まれるようになりました。

今の人付き合いを見直し、整理してみてください。チャンスを引き寄せる出会いが必ずやってきます。

3つ目は、**自分自身**です。

自分に合わないものを着たり、不要なものに囲まれた生活を続けていると、知らないうちにチャンスを逃しやすくなります。

もう合わない服、汚れた靴、使わないカード、すり切れた財布。

これらはどれも「運気を下げるものたち」です。

不平不満、うらみやねたみなど、あなたを滅入らせるネガティブな感情も、運気を下げるものです。

今すぐ捨てましょう。

不平不満やネガティブな感情を抱くのがクセになっていて、急に捨てるなんてできない、変われないという人は、心の中に大きなゴミ箱があるのをイメージしてみてください。

その中にうらみやねたみ、怒り、ネガティブな感情をどんどん投げ込んで、捨てていくのです。イメージでかまいません。できるだけたくさん捨てましょう。

いらないものを捨てると、「自分のいる場所」が気持ちのいい空間に変わってきます。空気が澄んできます。

心の中も、大掃除した後のようなすがすがしさと達成感で、心の中のわだかまりやイライラが自然と消えていくのがわかります。

顔つきまで変わってくるのです。

これが**「幸運を引き寄せる空間」を作り出す第一歩**です。

このように捨てることで、本当に大切なものが見えてきます。仕事も人間関係も自分自身も切り替わり、人生が好転していきます。

私が人から「運がいいね」と言われる理由

私はいつも「幸せ！」「ついてる！」と思って生きています。

「世の中はつらいことばかり、嫌なことばかりで気が滅入る」と言う人もいますが、私は理屈でなく、心底そう思っているのです。

すると、本当にいいことが起こるのです。経営者に成り立ての頃の私とは比べものにならないぐらい、いいことにあう確率が高くなっています。

人からも、「臼井さんは運がいいね」「何か秘訣でもあるのですか？」と、よく言われるほど。

そんな毎日ですから、今の私は、日常の中で笑顔が途絶えることはありませんし、無意識に「ありがとうございます」としょっちゅう言っています。

でも実は、いいことが訪れるのは偶然ではありません。

そうなる準備をしているから、です。

結果が出て、自分が実際に体験すればするほど、その考え方を確信するようになりました。

「捨てれば捨てるほど、いいことがやってくる」

今の私は、この考えに沿って生きているのです。

私はいらないもの、側にいてほしくない人、自分を不安にさせるような考えは捨てることにしています。ネガティブな感情を引き起こし、自分のエネルギーを弱めてしまうからです。

エネルギーが弱くなると、プライベートであれ仕事であれ、うまくいかないことが増えていきます。身の周りの物事や人に振り回されやすくなるからです。そして、「いいこと」を引き寄せられなくなります。

逆に言うと、エネルギーが強ければ、振り回されたり惑わされたりすることもなくなり、自然とうまくいくようになります。

エネルギーが強い人になりたければ、エネルギーを弱める物や人、「人生に苦労はつきもの」だとか「人生、そんなに甘くないんだ」といったネガティブな感情を捨てることです。

ついていると言われる人たちは、人やものやネガティブ思考、執着心を捨てたときに人生がよりスムーズに動き出すことを知っています。

幸せな成功者とは「捨てる潔さ」を身につけている人と言ってもいいでしょう。

捨てることで得られる一番のメリットは、チャンスにあう確率が高くなること。

また、ピンチをチャンスに変えられるようになることです。前向きに「変革のとき」ととらえて、それまでの自分を改め、パワーアップする機会にできるのです。

捨てられない人は、今手にしているものや人や考えに支配されているからです。たとえるなら、心や体、頭に不要な〝ぜい肉〟がたっぷりついている状態。

当然ながら行動は遅く、フットワークは重く、五感も鈍くなって、本物を見極める目も衰えてしまっています。決断力や集中力といった、仕事に不可欠な能力も発揮できにくいのです。

潜在能力を生かせず、自分の可能性にフタをしているとも言えます。

もったいないことではありませんか？


潔く捨てる。

捨てることで、快適さ、幸福感、感動、豊かさ、勇気……、さまざまな感情があなたを包み始めることでしょう。

そして、そうやってチャンスの「受け皿」を用意しているあなたには、間違いなくいいことが起こります。

「これは捨てるべき」というサインはこうして見つける

今、何を捨てるべきか?

それを見極めるには「自分の心の声」に耳を澄ませること。あなたがものや人に何か「抵抗感」を覚えるときは——理由がはっきりとはわからなくても——、「それは手放しなさい」と「心の声」が教えてくれているのです。

かつて、取引先の経営者に抵抗感を覚える方がいました。どこがどうと言うわけではないのですが、言葉づかいや振る舞いにどうしてもなじめないのです。

私はこの自分の心の声に従い、「これは何かがある」と思って、お付き合いを減らしていくようにしました。

すると、しばらくして……彼の会社が倒産、それも計画倒産したのです。

被害を受けた業者が数十社に及ぶなか、私の会社は被害額ゼロでした。

抵抗感を「気のせい」とか「偶然」と考える人もいますが、私をこの感覚を大切にしています。これまで抵抗感を基準に「捨てる」ことで、どれほど人生でも経営でもプラスになったかしれないからです。


抵抗感を覚えるときには、何かがある。

これは、ビジネスに限ったことではありません。


今から8年ほど前、私は引っ越してきたばかりの友人宅を訪ねるために、都内のある場所を歩いていました。

そこは、新築のマンションが立ち並ぶ住宅地。街並みやウォーキングする人に目をやりながら歩いていると、ふいに寒気が襲ってきました。

「おかしいな、風邪かな……?」

そう思いながらも、友人宅への道を急いでいました。

しかし、どうにも寒気が止まりません。

早く行かなければいけないのに、気持ちも体も拒否するのです。

そうこうしているうちに、目の前が真っ暗になって一歩も歩くことができなくなり、その場にうずくまってしまいました。

「約束の時間に遅れちゃう……」


そのとき……。

私の目前、30センチほどのところで、大きな音を立てながら、何かが粉々にはじけました。植木鉢でした。

どこかのマンションのベランダから落ちたのです。

故意ではないと思いますが、誰が落としたのか、どうして落ちたのかはわからずじまいでした。

ただ言えることとは、あのとき、私が何事もなく歩いていたら、植木鉢は私を直撃。大けがをするか、打ちどころが悪ければ命を失っていたと思います。


人が何かをするとき、どこかに向かうとき、何かをすすめられたとき、選択を迫られたとき……、いろいろな場面で何かしら抵抗感を覚えて、気持ちがしっくりこなかったり、頭ではやろうとしているのに体がついていかなかったりするのは、意味のあることなのです。

人には生まれつき、自分によくないことをキャッチしたときには、それを防ぐ「自動制御装置」のようなものがあり、その力が抵抗感を作り出すのではないでしょうか。

抵抗感を無視したり、軽く受け取ってはいけない。

抵抗を感じることは警告なのだ。

これはついている人や、いつも輝いている人たちが、口をそろえて言う法則でもあるのです。

あなたには覚えがありませんか?

抵抗感があったにもかかわらず、周囲に押し切られて、あるいは自ら選んで抵抗を感じるほうに進んでしまったことが。

そんなときには、ろくな結果にならなかったのではありませんか?

よからぬ人と出会ったり、身に覚えのない中傷を受けたり、トラブルに巻き込まれたり。

後悔が残る形になってしまうことが多いのです。

抵抗感は怖いことではありません。

それを無視するのでなく、基準に考え、抵抗感のあるものを捨てる、進まない、避けることで、チャンスにさえできるのです。

思い込みは失敗の始まり

いいことを思えば、いい現実がやってくる。

暗く考えてばかりいると、暗い現実がやってくる。

これは**運命の基本法則**です。

でもときどき、「ポジティブなことを思っているのに、うまくいかない」とこぼす人がいます。

「こんなはずではなかった！」

あなたも一度や二度は、口走ったことがあるのではないでしょうか。

これは、自分の思惑が外れたときに出るセリフ。たいがい、次に出るセリフは「うまくいくと思ったのに……」です。

どうして、こういうことが起こるのでしょうか？

それは、イメージの描き方が正しくないから、です。

イメージは、**「イメージする力の強さ」**と、**「人の意見に耳を傾けられる素直さ」**がないと、正しく描けないのです。

私の経験をお話ししますね。

10年来、著したかった本の企画を出版社が認めてくださって、私は舞い上がりました。出版が決まった嬉しさから、周囲の人に宣伝して回りました。

出版社も、「冒険的な企画だが、売れると思う」「売らなければいけない本だ」とまで言ってくださり、営業にも力を入れてくださったのです。

原稿を書いている段階から、私は成功することばかり考えていました。

前評判もよく、発売前からいくつもの取材をいただき、私は、売れることを信じて疑わない状況になっていました。

そして、本が発売されましたが……。

結果は惨憺《さんたん》たるものだったのです。

私は「こんなはずではなかった！」と口走っただけでなく、「どうして読者はこの本のよさをわかってくれないの?」とまで、考えたのです。

原因は、どこにあったのでしょうか?

「タイトルがわかりにくい」「表紙がもっと目立てば……」「出版する時期が悪かった」と、最初のうちは、思いつく限り理由を並べました。「○○さんのせいだ」と、怒りの矛先を他人に向けることもしました。

しかし、原因はそんなことにあったのではないのです。

「思い入れが度を越して思い込みになり、だれも冷静な判断ができなかった」

これが答えです。

その本に関わる人たちの気持ちが一つになっていたのは素晴しいことですが、何かを進めるにも異論を唱える人がいないため、自分たちのやることは間違いないと、ごう慢になっていたのです。

長い間認めてもらえなかった仕事や考え方を初めて人が評価してくれたときなど、誰でも、嬉しさのあまりに冷静さを欠き、「心の目」が曇ってしまうときがあります。

普段は冷静沈着に物事を見極められる人も、妙にせっかちになったり、いい評価を下してくれる人の話をうのみにしたり。

すべてをいいほうへと解釈して、悪い情報が耳に入っても右から左へと受け流す。「ツキが回ってきた」「うまくいかないわけがない」と思い込む。

こうなると周囲の人は、その迫力に何も言い出せなくなります。

何か言えば、「私をうらやんでいるんじゃないの?」と言われかねない勢いですから、言うだけ損だと、皆が黙ってしまうのです。


何かに挑戦するときには、リスクがつきものです。反対や妨害があって当然です。皆が「うまくいく」と口をそろえるのは、本来おかしなことです。

しかし、心の目が曇っている状態では物事の本質をとらえられず、うわべだけで良し悪しを判断し、判断を誤らせてしまいます。ついには、「私に限って失敗するはずなどない」とまで思い込むことさえあります。

私の例がまさにそうでした。

気の合った友達同士が集まると、その場のノリで「何か面白いことをやろう」「そうだ、バンドを組むなんてどう？」「いいねえ、それだったら、ライブも計画しようよ」「いつがいいかな？　絶対、このバンドはうまくいくね！」「いけるよ！」などと、盛り上がることがあります。

こうした場合、勢いに任せてうまくいくこともありますが、挫折するケースが多いのではないでしょうか。

一つのことに情熱を傾けることの大切さを否定はしません。

強く思えば願いが叶うのは本当のことです。どんなことであっても、強い思いがあればこそ、人は行動を起こすのです。

しかし、過ぎた思い入れは「思い込み」になります。

思い込みの激しい人は、人の意見を拒否するバリアのようなものに体中が覆われていて、外からの情報をはねのけてしまうのです。

そうなると、失敗に向けて一直線に進みかねません。

ポジティブなことを思っているつもりでも、思い込みが激しいと、いい形にはなりません。
イメージの持つ力は、強烈にあなたを支配しています。
思い込みに足をすくわれないようにしましょう。
思いのレベルを常に確認する習慣が、あなたに幸運をもたらすのです。

思い出は未来志向のものだけを残して捨てよう

自分の部屋やオフィスにいると、なぜか落ち着かない、イライラすると言う人がいます。

そうした人たちの多くが昔の写真や物、いつもらったかも覚えていないおみやげや、友人からの手紙など、過去につながるものを捨てずにとっておいています。中には別れた恋人の写真とか、見るたびに辛くなるようなものまでとっておく人も。

持っていても「幸福感」を感じられないものは「重い出来事」=「重い出」であって、「思い出」=「思い出したい出来事」ではありません。

感謝しながら捨ててしまいましょう。

本来、思い出とは記憶であって、記録ではありません。

心に秘めていればいいのです。残すのならば、見るだけ、触るだけで心地よくなれるものだけにとどめるのがコツです。

「イヤな思い出も、時がたてばいい思い出になる」と言う人がいます。「思い出は人生を彩るものだ」と言う人も。

しかし、どう頑張ってみても辛いものは辛いですし、過去よりも未来に思いをはせたほうが人生は輝きます。

不幸な過去を思い出すのは、おしまいにしましょう。辛い経験を美化するのもやめることです。

友人のK子さんは、お嬢様育ちの見本のような人。父親が貿易商を営み、大きなお屋敷に住み、何不自由のない生活を送っていました。使用人に囲まれ、その地方では有名なお嬢様学校に入学し、学校への送り迎えは運転手が行っていたそうです。

ところが、15歳のときに父親が事業に失敗し、多額の借金を抱えることになり、お屋敷も手放すことになりました。使用人が誰もいない借家住まいになったのです。

でも彼女は思い出が捨てられず、豊かだった頃の家族の写真や父親からもらった外国みやげを眺めては、ため息をついていました。

「今の自分はなんて不幸なの」

「私が不幸になったのは、父親のせいだ」

毎日、そんなことばかり思っていたそうです。

すると、どうでしょう……。

両親が相次いで病にかかり、彼女は転校先で問題を起こし、退学せざるをえなくなりました。

その後、やっとの思いで就職した会社が倒産したり、男性にだまされてお金を失ったりと、イヤなことばかりが襲います。

チャンスや幸運とは無縁の姿がそこにあります。


人間関係でも仕事でも、チャンスは、自分の前に巡ってきたときにタイミングよくキャッチしなければ、瞬く間に逃げていってしまいます。

キャッチできるのは、過去に縛られていない軽やかな人、心がオープンな人です。

反対に、過去を振り返ってばかりいる人は、チャンスが目の前まできても気づくことさえ、できません。

思い出は自分を突き動かす原動力になるもの、明日につながるものだけを残して捨てましょう。

「持っていることで、幸せになれるか?」を判断材料にして、捨てるのです。

身近に置くものは、見たり触ったりすると**「幸せのエネルギー」**をもらえるもの、心が穏やかになったり優しい気持ちになったりするものにしましょう。

成功できる人とは、チャンスが巡ってきたときに集中できる人。

捨てないと集中できないことを、知っている人なのです。

重たいもの、暗いもの、複雑なものから離れなさい

「奇跡なんて起こるはずがない」と言う人がいます。

そういう人は、きっと奇跡が起きる現場を見たことがないのでしょうね。

それは、インターネットをまだ知らなかったころの私たちと同じです。

いくら他人から説明されても、自分で体験するまではどんなものか想像できない。

「世界中の人とつながれるし、情報も世界中から一瞬にして集められるツールです」などと言われてもよくわからないし、「そんなことがあるだろうか？」と半信半疑だったことでしょう。

実際、ほんの10年ほど前までは、一部の人たち以外、インターネットとはどういうものか、理解できていなかったのです。

ここで言う奇跡とは、

「今の自分には考えられない、信じられないような驚きと感動を与えてくれる、嬉しすぎる超ハッピーな出来事」

とでも言うべきもの。何も神がかり的なことではありません。

そのことが起きた瞬間から、それまでの人生を覆すような全く別の素晴しい人生が動き出す。そして、次々にチャンスやお金がやってくる。

「どうして？」と思わず口から出てしまうくらい、早いペースでなだれ込んできて、何かに導かれているように目の前の世界が広がっていくのです。

ところが、

「人生は、そんな簡単にいくものではない」

「人生は、嬉しいことよりもつらいことのほうが何倍も多い」

という人たちがいます。

かつては私もそのひとりでした。だから少しでも嫌なことが起きると、「やっぱり、こうなるんだよね」「夢を見てはいけないんだ」と自分に言い聞かせ、よけいに落ち込んでいました。

そして、「人生はそう簡単にいくものではない」という他人の言葉を、うまくいかない自分の現実から逃れるための言いわけにしていました。何の考えもなく、他人に流されていただけだったのです。

でも、ある方の言葉が、私を目覚めさせてくれました。

「人生がうまくいっていない人が、人生を悪く言うのです。うまくいっている人は、人生を決して悪くは言いませんよ。

臼井さんの人生は決められたものではなく、自分で築くものでしょう?

「自分は不幸だ」「ついていない」などと決めつける必要もないですし、自分の力を過少に評価して恐れ、可能性にフタをすることなどあってはいけないのです。

そのことに気づいてから、私の人生は大きく動き出しました。

まず、**心を萎えさせる考えの持ち主、悪口や愚痴を言う人、気が滅入るような複雑なものたちから離れました。**

すると、自分が生きたい道がはっきりと見えてきたのです。

実は、ここがポイントなのです。

自分が生きたい道がわからないうちは、どう動けばいいのか、優先順位も決められません。

また、当然ながら、周囲もそんな状態の人を応援できません。

ですから、生きたい道がはっきりしていない以上、いいことが起きる確率が低くなるのは仕方がないのです。


生きたい道が見えてからの私には、「奇跡」が起こり始めました。

「100歳まで現役で仕事がしたい」

「どんな形であれ、社会にメッセージを出し続けたい」

それが私の生きたい人生なのですが、そのことを後押しするように、執筆や講演の仕事が舞い込むようになりました。

そして……。

将来一人になっても、どんな時代であっても、仕事ができるような基礎ができあがりつつあります。

単なる中小企業の経営者である私がとうてい出会えないはずの方や、大物と呼ばれる方たちが応援してくれたり、思いがけないアイディアやヒントをくださったり。かつては考えられなかった、奇跡に感謝する日々が続いています。

いいことを引き寄せるのも、悪いことを引き寄せるのも、その人の信念の度合いに左右されます。

ネガティブな気持ちになっているときには、どうしてもネガティブなものを引き寄せがちになるものです。ですから、あなたをそういう気持ちにさせるものからは離れましょう。それは、

重たいもの＝不平不満、愚痴、汚い言葉を言う人
暗いもの＝作り笑顔、愛想のない人、運のよくない（と思われる）人
複雑なもの＝人間関係のしがらみ、思いに反した行動
です。

そういったものから離れるだけで、あなたの人生は輝き始め、「奇跡」さえも起きてくるのです。

あなたを支配している「捨てるべきもの」たち

捨てることの大切さはわかったけれど、いったい何から捨てたらいいのかわからない……。そんな方のために、「捨てたほうがいいもの」リストを作ってみました。

私たちの周りには、実に多くの捨てるべきものたちが転がっています。

①クレジットカード

付き合いで、頼まれて、何となく入会して……と、いつの間にか増えているクレジットカード。

それらは本当に必要ですか？

使い道がある大切に使えるカードだけ残して、あとは解約しましょう。

使ってもいないカードのために年会費を取られるほど、ばかげたことはありませんし、収支の管理もしにくくなります。

最近は、年会費が無料のカードも発行されていますが、余分なカードでお財布をパンパンにふくらませていると、お金が安心して休めず、逃げていきます。

クレジットカードを整理すれば、お財布もすっきりして、金運もアップするのです。

②預金通帳（貯金通帳）

引っ越しや転職を理由に口座を新しく開く。クレジットカードと同様に、頼まれて開設する……。

ついつい、増えてしまうのが通帳です。

使っていない口座をむやみに持っているのは、いいことではありません。いくつもの口座にお金を分散していると、お金の流れがわかりにくくなるからです。

クレジットカードの引き落としはＡ銀行、公共料金の引き落としはＢ銀行、家賃はＣ信用金庫、給料の振り込みはまた別の銀行にしていると、管理ができないだけでなく、残高不足であわてる事態も考えられます。

お金はできる限りまとめて貯めるのが鉄則です。

それに、残金がたとえ1円しかない通帳であっても、放置しておくのは、お金に対して失礼な行為です。

「残金が1000円以下ではカードで下ろせないから、そのままにしている」

そんな人もいるのではないでしょうか？

1円のお金でも無視せず、使わない通帳は解約して、お金をまとめましょう。

お金は「さびしがりや」なのです。

集めて仲良くさせ、生かさなければ、お金は喜んでくれません。

いつまでたっても貯まらないままですよ。

③本や雑誌

ベストセラーだから、新聞の広告を見て、タイトルに引かれて……、読書好きな人なら誰でも、買ってきたときにちょっと読んでそのままになっている本や雑誌があると思います。

でも、本は、インテリアではありません。いつか読もうと買ってきたままになっているのは、結局つまらなかったか、関心が薄いから。

読まずに並べているだけ、積んでいるだけの本は、もともとあなたとは縁がないのです。

「一度読んでみよう」などと考えず、中身を見ずにさっさと捨てましょう。

「いつか読むかも……」に、「いつか」はないのが常です。

本を捨てるのが忍びない人は、寄贈する、古本屋に持ち込むなどして、喜んでくれる人のもとに届く方法で処分しましょう。

④手紙やはがき

手紙やはがきには、書いた人の思いが詰まっているものです。

特に、大切な人からもらったものはいつまでも手元において思い出に浸っていたいという気持ちになるものです。

読み返すと思い出がよみがえってきて捨てるに捨てられないという人、手紙を読み返すのが好きな人もいることでしょう。

その手紙を読むと元気になったり勇気がわいたり、生きる力になるものは持っていてもかまわないと思います。

私自身、経営に行き詰まっているときに、尊敬する方からいただいた手紙を読み返しては、何度救われたかわかりません。

自分を奮い立たせるきっかけになる手紙は、大切に持つべきだとも思います。

しかし、別れた恋人や疎遠になった友人などからもらった手紙を未練がましい気持ちで持っていると、「残留思念」のもとになります。

「いい思い出をありがとう」と、感謝を込めて捨てましょう。

未練が消え、新しい道が開けていきます。

不用品を捨てるための8対2の法則

あなたの身の周りにあるものの中で、いちばん場所をとっている無駄なものは何でしょうか？

おそらく洋服やバッグ、靴などの服飾品でしょう。

バーゲンだからと、つい衝動買いしてしまったワイシャツ、仕舞い込んでいたことを忘れて再度購入した小物、サイズが合わなくなった若いころの洋服……。

クローゼットの中がこれらで埋め尽くされてはいませんか？

男女を問わず、**人は持っている洋服のうち2割ほどしか実際には着ない**と言われています。あとの8割は、「晴れの日」に着ようと仕舞い込んであるか、もう二度と身に着けないものです。

流行は、ビジネスシーンであっても避けては通れません。ネクタイの柄や太さ、スーツのラインも、微妙に変化しています。おしゃれな人は流行をキャッチして、さりげなく取り入れます。しかし、新しいものを買ったからといって、古いものを捨てる人はまずいません。今では流行が過ぎてさえない印象と化した洋服でも、しまいこんでいます。そんなクローゼットやタンスの中からものを探すのは、時間も労力もかかります。第一、本当に必要なものを大切に扱う気持ちが薄れてしまいます。ため息交じりに、グチャグチャになったクローゼットを眺める。これは相当なストレスになりますし、不要な洋服を見るたびにあなたは確実にマイナスの感情に襲われます。

逆に、数は少なくても出番の多いお気に入りだけのクローゼットなら、洋服選びもスムーズで時間もかからず、気持ちがいいものです。「もったいない」と思う気持ちはわかりますが、身に着けないものをいくら持っていても、何にもなりません。

衝動買いやため込みグセのある人は、身につけると気分がよくなる服や仕事がはかどる小物だけを残して、思い切って処分してしまいましょう。

手持ちの8割の服飾品を捨てるぐらいの気持ちで。


「そんなことをしても無駄。また買って、ためて、すぐにクローゼットがいっぱいになってしまう」と言う人には、こんな方法をおすすめします。

捨てるものをまとめたら、それらの購入金額を計算してください。

8割捨てるとなると、何十万円にもなるかもしれません。

実際はクリーニング代やらアイロンがけや洗濯の手間やらで、もっと大きなお金を費やしたはずです。

あまりの大きさに、うんざりするに違いありません。

その金額を手にするためには、あなたはどれだけの時間働かなければならなかったのですか？　あなたの人生から、二度と戻ってこない大切な時間をこれらのものたちが奪っていったと考えましょう。

だからといって、「もったいないから、とっておこう」などとは考えないでください。場所を取り、整理に時間を取られ、ストレスになり、ますますあなたの大切な時間が奪われていきます。

友人のE子さんは、大手企業に勤める女性。化粧品の営業をしています。

仕事もあって、常におしゃれに気を配っている女性なのですが……。

増える一方の服飾品を「もったいない」で捨てられず、不用品を収納するためにクローゼットを購入し、またそこもいっぱいになる。

片付けられない人の典型です。

そんな彼女から、「職場の人間関係に悩んでいるんです」と、相談を持ちかけられました。部下が自分の指示に従わない、どう人を育てていいかわからないと、ナーバスになっていました。

口から出てくるのはグチばかり。それも「自分は悪くないのに……」といった相手を非難する内容です。イライラウジウジしている様は、とても部下を指導する立場にある人のものではありません。

そこで彼女に、

「自分が変わらなければ、周りは変わってくれない。周りが先に変わってくれるのを待っていても無駄」

「自分を変えるためには、まず不要なものを捨てましょう」

と、提案しました。

そして……。

彼女は、もっとも自分を支配している服飾品を捨てる行動に出ました。

実際に必要なものは2割しかない、「8対2の原則」に沿ってです。

いらないものと別れることで、彼女の心の中には新しいスペースが生まれました。

ほどなく、彼女は明るさを取り戻したのです。

雰囲気が変わった彼女は存在感がアップし、部下にも尊敬される存在へと変わっていきました。そして、それが自信となり、ますます発言力のあるリーダーへと成長していったのです。自然と仕事もうまく回り始め、以前の覇気のない彼女とは別人のようになりました。

第2章

「成功」を引き寄せる捨て方

仕事で成功したければこんな意識はすぐに捨てよう！

何事も目標を掲げ、期限を決めて行動する。目標は紙に書き、目のつくところに貼り、絶えず意識すること。

これは、広く知られている「**成功法則**」です。

確かに、この方法はシンプルで実行しやすいと思います。

絶えず目標を意識すれば、疲れてやる気が萎えているときでも奮起できますし、困難が立ちはだかったときでも「負けるものか！」と意欲をかき立てることができます。

私もこの方法を実行してきました。自分の行動が目標とずれていないか、常にチェックしながら。そうすることで、目標到達の可能性が高まるからです。

目標や夢は、心に活力を与えてくれるビタミン剤です。

今起こっている事実や目先のことばかり考えていると、どうしても思考が停止してしまいます。

たとえば、社内でリストラが行われそうだという噂が立ったとします。

そのことにばかり意識がとらわれていると、「私もリストラされるかもしれない」「困った。どうしよう」という思いで頭の中が一杯になり、ついには「人生にこれほどの一大事はない」と思えてきます。

その結果、どうなるでしょうか？

気持ちがすさんできます。表情も暗くなり、人を寄せ付けなくなります。次第に、やることなすことうまくいかないようになってしまいます。

そして……、本当にリストラされてしまうかもしれません。

暗いことばかり考えていると、本当に暗い現実がやってきます。

反対に、「自分はどういう状態になるのが幸せか？」を考え、それを目標として常にその幸せなイメージを思い浮かべながら進んでいけば、それが現実化します。

目先のことにばかりとらわれず、「自分の未来」を見ましょう。目標を持ち、ポジティブに考えるのです。

「ぼく、上司に嫌われているみたいなんです。挨拶しても、返事もしてもらえないんです。どうしたら、上司に気に入ってもらえるでしょうか?」

そんな相談を受けることがあります。

上司、お客さん、あるいは同僚に嫌われている気がする……こんなふうに考えてしまうことって、誰にでもあることかもしれませんね。でも。ちょっと冷静になって考えてみてください。

本当に相手はあなたが嫌いなのでしょうか? 思い込みではありませんか? 挨拶してもあなたの声が小さくて聞こえなかったのかもしれませんし、上司が挨拶を返したのに、あなたが気づかなかったのかもしれません。

だいたい、私に相談する前に、何度でも上司に挨拶をし、自分から心を開いて仕事のやり方を相談したり、どんどん相手のふところに飛び込んでいけばいいのです。

「どうして、そんなささいなことを気にするの?」と考えてしまいます。

「人にどう思われるか?」なんて「ささいなこと」は意識から捨てて、仕事に対するビジョン、夢、目標に集中してみてください。

Sさんは保険の営業をしながら、宅建取得を目指しています。でも仕事がら、残業もあり、計画どおりに勉強が進まないこともしばしば。

そんな折、模擬試験を受けることになりました。

結果は「合格圏内にはもう一歩」。頑張れば合格に近づく成績です。

しかし……。

「結果が出ないのは、残業で勉強時間がとれないからだ」「このまま勉強を続けても苦労するだけで、合格なんかできない」「大変な思いをするだけ損だ」

そう考えて、せっかく掲げた目標を簡単にあきらめてしまったのです。

悩んだうえでの選択でしょうが、たった一度の結果でそれまでの努力を棒に振るなんて、ばかばかしいと言えるのではありませんか。

私は社長業という激務のかたわら、宅建、行政書士、MBA、博士号などを取得してきました。困難な夢や目標を達成してきた人たちをたくさん見てきました。

そして今、こう断言できます。

目標を達成できない人は、目先の現実や過去の経験にとらわれているから、だと。

私の知る限り、伸びている会社や成功している人ほど、「今やっていることにしがみつかない」「過去の看板にこだわらない」というスローガンを掲げ、目標に向かっています。

先の狂牛病騒ぎのときに、繁盛していた焼肉レストランを2日もかけないで焼鳥屋に変えた女性経営者がいます。マスコミにもたびたび取り上げられ、多店舗化に拍車がかかっていたときでした。

それなのに、彼女はいち早く愛着ある事業を転換したのです。その結果、同じ業界のほとんどの経営者たちが手痛い打撃を受ける中、彼女は被害を最小限に抑えることができました。

その後も、彼女は「過去の看板」や「今やっていること」を捨て続け、現在は経営コンサルタントとして成功しています。

仕事も人生も、こんなふうに「捨てる勇気」と「新しい世界へ踏み出す勇気」があなたを成長させるのです。

成功し続ける人が知っている「捨てる技術」とは

捨てることを実行し、成功し続けている方がいます。知人のO氏です。

O氏は今でこそ経営コンサルタントとして名前が知られていますが、7年ほど前まではレストランをチェーン展開するオーナー経営者でした。

彼がレストランを創業したのは20年前のこと。当時はまだ珍しかった有機野菜を使ったサラダバーや10種類以上に及ぶドリンクバー、デザートバーをつくり、家族連れのお客様に受けていました。

サービスや雰囲気がいいのに、値段はリーズナブル。そこが人気だったのです。

ところが、彼は半分のチェーン店の看板を下ろし、新しい形のレストランに切り替える戦略に出ました。

せっかく順調に儲かっているのに、なぜそんな事業転換をするのかと、周囲の人は疑問でした。

それに対する彼の答えは、「自分のレストランは、時代が求めているものとは違う。お客様は『低価格志向』に変わってきているのだから、何の策も打たないのはおかしい」というものでした。

そして、今までの半分ほどの値段で飲食できるレストランに替えたのです。

O氏の「捨てる」行動はこれだけにとどまりません。

新しい形態のレストランも、優秀な社員が育つと、どんどんのれん分けしていきました。

「古い頭の私がやるよりも、若い人の感性や行動力にかけたい」

それが彼の考えでした。また、

「長く一つの仕事をしていると、過去の経験が足かせになったり、思い込みから行動が鈍ったりする。こんなことをやっても成功しないだろうとか、以前にうまくいかなかったから今度もだめだと尻込みしてしまう。でも、守りに入るようになったら、ビジネスはそこでおしまいだ。経営者として失格だ」

とも。

そうして……。

彼は自ら作ったレストランをすべて人手に渡し、起業家を育てたいと経営コンサルタントの道を選んだのです。

経営者の心構えや行動、ビジネス戦略を説く彼の講演やセミナーは人気を博し、教えを乞いたいと熱望する人が絶えないそうです。

「継続は力なり」という言葉があるように、力をつけるためには、何度も繰り返してやってみることが必要です。

仕事でも、何度も繰り返し、経験を積むことでコツをつかむことができます。繰り返すことなく、成功した人はいないとも言えます。

しかし、習慣化した行動は、時として「惰性」に通じます。

何となくできてしまう、わけなく体が動く。これは習慣の賜物ですが、一方で緊張感を失わせ、進歩を阻む要因ともなります。

今までの習慣や前例にないものを受け入れられなくなってしまったり、これまでのしがらみに縛られてしまう人も少なくありません。その結果、「今やるべきこと」が後手に回る危険があります。

成功体験は誰にとっても心地よく、自慢できるものです。しかし、成功に甘んじている人や過去に浸っている人は、失敗を恐れて行動できない人です。

失敗を恐れることは、失敗するよりももっと悪いのです。

成功するためには、成功体験を捨てること。しがらみを捨てて変わること。O氏の例は、その大切さを物語っているように思います。

捨てれば不運は幸運に、ピンチはチャンスに変わる

友人のS氏は、不本意な状況の中、捨てることでチャンスを引き寄せた人です。でも最初は典型的な捨てられないタイプでした。そのため、次から次へと不幸を招いていたのです。

S氏が大学卒業後、就職したのは当時隆盛を極めていた通販会社。彼は持ち前の行動力と発想力で、みるみる頭角を現していきました。

ボーナスの査定も、同期入社のなかではトップクラス。入社3年目には主任に抜擢され、幹部候補の呼び声も高かったのです。

しかし、彼の幸運はここでストップしてしまいました。

会社が大手の流通グループに買収され、配置転換を命じられたのです。

それまでの部署は、商品の選択や取引先との価格交渉に関係する通販の表舞台。新しい部署は、資材や商品の管理、彼に言わせれば「都落ちの配送業務」でした。

「会社が買収されなければ、自分がこんな仕事をすることはなかった。こんなのは本意じゃない……」

慣れない仕事の前に成果も上がらず、彼は現状を受け入れることができずにいました。やがて露骨に不満を口にするようにもなりました。

不本意な立場に置かれたときには、誰でも愚痴をこぼしたくなるものです。何のプラスにもならないと頭ではわかっていても、聞いてもらえるだけで気が晴れます。しかし、困難な仕事や初めて経験する仕事に取り組んでいるようなときに愚痴をこぼすのは考えものです。

そんなときは悪戦苦闘して当たり前。何度も壁にぶつかり、悩み迷い行動し、また壁にぶつかっていくうちに、知恵が生まれて形になっていくのです。そういったプロセスを踏まないと、仕事の成果は出ません。

それを愚痴として吐き出し、誰かに訴えて逃げていては、生きた知恵は生まれません。

しかしS氏の場合は、愚痴が日常化しただけでなく、他人の成功もねたむようになりました。

「オレのほうがあいつより能力があるのに」

「この部署にいなければ、オレだって」

自分の仕事を、つまらない価値のないものだと決め付け、嫌々やるようにもなったのです。

嫌々仕事をしていれば、傍目にもわかります。表情から覇気が消え、しぐさや振る舞いも横柄になり、どんどん印象が悪くなっていきます。

本人にとっても、ストレスを感じて不愉快ですし、第一、健康によくありません。

仕事を楽しむことは、成功のための重要な要件です。

愚痴を言う前に、一つでも二つでも今の仕事に何らかの楽しみを見出すことで、不本意な自分から変われるのです。

何も見つけられないとすれば、それは自分が「この仕事はつまらない」という思い込みに縛られているから、です。

こういう気持ちを捨てなければ、永久に仕事の楽しさは見つけられませんし、成功を引き寄せることもできません。

人は不平不満で一杯になると、攻撃的になります。ある日、ささいなことからS氏は上司と対立し、地方にある配送センター勤務へ異動になりました。さらに不本意な状況に追い込まれたのです。

しばらくして、彼は胃潰瘍を患い、入院することになりました。

入院中、「なんで、自分には悪いことばかり起きるのか？　ついていないのか？」と考えたそうです。

そして、ある本の一節を読んだとき、目が覚めました。

「人生はその人の考えた所産である」

アメリカの心理学者、ウィリアム・ジェームスの言葉です。

人生はその人が思い描くものによって決定される。

よいことを思えばよいことが起き、悪いことを思えば悪いことが起きる。悪い考えを捨て、ポジティブな考えを身につけなければ、幸せや成功を手に入れることはできない。

「この仕事はつまらない」「自分は恵まれていない」「こうなったのは○○のせいだ」とネガティブな考えを持ち、苦しみから逃れようとして愚痴を武器にするのは、心を貧しくするだけ。

今の自分は、過去の自分が思い描いた結果にほかならないのです。

そのことに気づいたS氏は、退院すると、真っ先に上司のところに行き、今までの非礼を詫びました。

そして、愚痴をこぼすことをやめ、仕事に夢中で取り組みました。

どこまでもつかと疑問視する声もあったようですが、彼は勉強し努力を重ねて、配送クレームの減少に貢献しました。

自分の持ち味を生かし徹底的に磨いていけば、必ず評価は変わってきます。

彼は、今では配送センターの所長として、会社に欠かせない人材となっています。

運の悪いときは確かにあります。

しかし、永遠に続くわけでありません。

不本意な状況に置かれたときには、「二度と立ち直れない」とあきらめたり、他人がねたましく感じられるものです。誰の心にも悪魔がすんでいて、「あの人の成功はまぐれ」「少しは失敗すればいい」と羨望や嫉妬心から素直に相手の成功を喜んであげられないところがあるのです。

私も、かつては、そういった思いにさいなまれたことがありました。

でもこれは、よけいに自分を追い詰めるケチな考えです。

愚痴を捨て、羨望や嫉妬の心を捨てましょう。

そうすれば、あなたの周りに人が集まり、よりよい人間関係が生まれます。

チャンスもおのずと、もたらされるのです。

チャンスを運んでくるのは、豊かな人間関係なのですから。

成功体験はどんどん捨てよう

「今までいいことがなかった」

「うまくいかない人生だ」

そんな考えを持っている人は、今すぐ捨ててください。それこそが、「うまくいかない人生」を作ってしまった原因なのですから。


「やりたいことは山ほどあるが、自分には才能がないから、うまくいかないだろう」

「自信はあるけれど、お金がないからたいしたことができない」

「私には人脈がないから、成功することなんてできない」

そんなふうに何かにつけて「足りないもの」を探し出してぼやく人も、今すぐやめましょう。

人生についてぼやく前に見極めなければいけないのは、**「毎日をどう考え、行動してきたか？」**ということ。

忘れないでください。**「きっとうまくいく」と願う心は成功を導く基礎になります。**

一方、「うまくいくはずがない」という決めつけは成功を阻害する基礎になるのです。

確かに才能やお金や人脈は大きな武器になります。ないよりはあったほうがいいでしょう。

でも、ない人は幸せになれないのでしょうか？

あなたの周囲を見渡せば答えは明らかです。

決してそんなことはありません。

どんな人でも、成功をあきらめる必要なんてないのです。

むしろ、武器のない分、自由です。見栄やプライドに縛られることもありません。

固定概念や常識にがんじがらめになることもないから、自由に動けます。

「何もないのは、ついている」と考えるべきです。

私の知人に生まれながらにして、お金や人脈に恵まれた男性がいます。

彼は二代目経営者。

初代は健康食品の会社を興し、たぐいまれな発想力と行動力で、業界でも注目される存在でした。苦労の末、地位を築きあげた初代は二代目には、その資産や信用を保つために、「守りの教育」をしました。

初代は山ほど失敗し、そこから多くを学び取っていますが、二代目は学び取るにも成功してしまっているわけですから、学ぶ材料が乏しいうえに、守りの教育を受けているので、身動きがとれません。

そのうえ初代は、経営の道を譲ってからも「私だったらこんなことはしない」とか、「こういう場合にはこんな失敗をする可能性が高い」と、自分の経験から何かと口をはさみました。

最初は反発していた二代目でしたが、「動かなければ失敗しない」と考え始めるようになって、最後は初代の業績を汚す結果になってしまったのです。

俗に、「二代目経営者はダメ」だと言います。

もちろん、初代の資産や信用を元に、より大きな業績を上げる二代目もいますが、確率からすると、確かに……と納得せざるを得ないところがあります。


成功には努力や才能も必要ですが、偶然性が影響しています。チャンスを引き寄せる力やタイミングがそろって成功につながるのです。

一方、**失敗は必然的に起こります**。つまり、大抵は明確な原因があるのです。ですから、偶然起きた成功を基礎にあれこれ考えると、的外れになる確率が高まります。それよりも**失敗から学び、失敗をもとに考えるほうがうまくいく**のです。

二代目がつまずきやすいのは、ここを勘違いしてしまうから。

成功体験は、一歩間違えると、怖いものになります。失敗を恐れたり、いつまでも成功の美酒に酔って行動しなくなることの原因になることも多いからです。

成功はただの一つのエピソードとして考えましょう。でないと、その後の人生に暗雲を落とすことにもなりかねません。

成功し続ける人には共通点があります。
成功したことをすぐに忘れてしまうのです。
懸命に忘れる努力をする人が成功する、と言ったほうがいいかもしれません。
どんなに素晴らしい業績も、栄光も過去のものとして捨て去り、新たに動き出す。
それこそが、人生を輝かせる秘訣なのです。

プライドを捨てた生き方が成功を呼ぶ

「転職のタイミングを計っているのですが、なかなかいい条件に出会えなくて……」

「ずっとビジネスプランを温めてきました。しかし、なかなか起業に踏み出せません。ある程度の運転資金を用意していないとダメだと思うのですが……」

私は、今まで何回もビジネスマンや経営者を対象に講演をしてきましたが、決まって受ける質問がこうしたタイミングや条件に関するものです。

中には、たびたび講演会に参加しては、同じ質問をする人もいます。

いったい、いつになったら、彼らは行動するのでしょうか?

講演会をはしごするだけで、何一つ進展しない、動けない人がいるのです。

私は、経営者として18年、仕事をしてきました。

そんな私でも、新たな仕事や未知の分野の商品を手がけようとするときには、恐怖心がよぎります。

どんなに経験を積んでいようと、資金面で問題がなかろうと、恐れない経営者はいないでしょう。

もし失敗したらどうなるのか？「周囲からばかにされるのではないか」「倒産するのではないか」「世間から笑いものにされるのではないか」などと心配して、行動を渋ってしまいます。

これはどれも「プライド」の産物。

このような心配には、いくら時間をかけても結論は出ません。

踏み出すには、**「プライドを捨てる」**ことしかないのです。

誰でも、プライドが傷つくのは怖いもの。でも、こだわりすぎると、

①失敗してみじめな姿になりたくない
②カッコよく成功して、注目されたい
③バカなやつだと思われたくない

④○○さんよりも成功して、いい生活がしたい……

そんな思いから、外見を取りつくろったり、人と比べてみたり……。**結局、心から自分が望んでいることが見えなくなって、中途半端な行動で終わってしまう**のです。

そんなプライドは、さっさと捨てましょう。

私は、恐怖心に襲われると、

①**失敗はない。失敗するほど、成功に近づいている！**

②**かっこ悪くたっていい！　外見を取りつくろうより、中身で勝負！**

③**失敗なんて怖くない。逆境のときほど、力を発揮できるのだから**

と、自分に言い聞かせています。都合よく考えるのです。

はたから見れば恵まれて見える人でも、失敗の経験がない人はいません。

「あの人はついている」「やることなすことうまくいく」

そう思える人でも、最初からうまくいった人なんて、いないでしょう。

プライドを捨て、恐怖心に打ち勝って挑戦した結果が、今につながっているのです。

「私は成功なんて望まない。素敵な彼と出会って結婚をして、子供に恵まれ、幸せに暮らすことができればいい」

そう考える人であっても、同じです。

あなたがプライドを捨て、素直に心を開かなければ素敵な彼には出会えません。

そして、相手に多くを求めるだけではダメです。

「相手のためになることは何か?」を真剣に考え、相手の喜びを自分の喜びだと思う。

そういうあなたならば、間違いなく幸せをつかむことができるのです。

仕事であろうと恋愛であろうと、**失敗は悪いことではありません。失敗から学ばないことが悪いのです。**

昨年、取引があった会社が多額の負債を抱え、通販ビジネスから撤退しました。通販の黎明期《れいめいき》を支えてきた会社です。

そのとき、幹部の方が最後に話されていた言葉は忘れられません。

「弊社が失敗した理由は、人材も資金もビジネスのノウハウもすべてがそろっていたからです」

条件がそろっていれば成功するわけではないのです。恵まれた条件の下では、プライドが邪魔をして大胆な行動がとれないことが多いのです。

むしろ、条件のそろわない状況でプライドを捨てて動き出す人のほうが、柔軟な考えで動けると、私は思います。

プライドを捨てた者の強さは、計り知れません。

成功者の8割は性差を捨てた「オカマ思考」の持ち主

　誤解を承知で言いますが、経営者、投資家、作家、芸術家、ビジネスマン……、立ち場は違っていても、成功している人の8割は「オカマ思考の持ち主」だと私は思っています。

　物事の考え方には、直感型と論理型の2つがあって、それぞれ感性を大切にするか、プロセスを大切にするかに分かれます。

　一般的に女性は、感性の生きもの。ちょっとした変化にも敏感に反応し、人の好き嫌いも、「なんとなく性に合わない」とか「価値観が違う」という理由を言ったりします。あの人の「ここ」が嫌ではなく、「こんな感じ」が嫌といったふうに、イメージ優先で判断する傾向にあります。

一方、男性は頭の中で情報を整理してから発言したり、行動を起こします。「○○なイメージだから」といった発言は少なく、何事も理屈をつける傾向にあります。

かつては、「女性はこうあるべきだ」「男性はこんな行動はしない」などと、女性らしさ、男性らしさを基準にした生き方が基本で、そこから外れた考え方や行動をとると、「女のくせに」「男のくせに」と揶揄《やゆ》されました。

ですから、批判されるのが嫌なあまりに、知らないうちに女性は女性らしい考え方の「オンナ思考」になり、男性は「オトコ思考」になっていったのです。

直感重視の「オンナ思考」も、論理重視の「オトコ思考」も一長一短があります。「第一印象で人を判断してはいけない」とは言いますが、「第一印象がその人を見事に物語っている確率が高い」のも事実です。

「論理で人は動かない」とは言っても、パソコンの扱いに不慣れな初心者には筋道を立てて説明しなければ、操作の仕方は理解できないでしょう。

「オンナ思考」がいいとか、「オトコ思考」が優れているとかの問題ではありません。

これからは、両方が同時に存在する「オカマ思考」がカギを握る時代になります。

自分自身の生き方を選ぶときも、「女だから」とか「男だから」で選ぶと失敗しやすくなります。

「オンナ思考」であり、同時に「オトコ思考」でもある「オカマ思考」になることです。

直感も重視しながら、論理的に考える。

どちらの思考にも偏らない、バランスの取れた、手抜きをしない人が成功する人になります。


以前、ありがたいお客様として頼りにしていた取引先がありました。普通は「月末締めの翌月10日払い」というように、商品を納入した後に決済するのですが、その会社は納品と引き換えに支払いをしてくださるのです。

1年間あまり、毎月30万円ほどの取引が続きました。

そんな折、支払い条件を今回だけ変えてほしいと言ってこられたのです。

「社長が金庫の鍵を持って出張してしまって、誰も空けられない。でも大きな注文が入って、すぐに対応しなければ信用をなくしてしまいます。困っているんです！」

そして……。

「明日着で商品を送ってくれませんか？　支払いは社長が戻った1週間後に必ずしますから……」

そう言われました。

注文額は今までの8倍。

内心、「いやな感じ」がしたものの、「このお取引先に限って……」と必死で抵抗感を消し、商品を納入しました。


結果は「取り込み詐欺」でした。信用をつけた頃に商品をごっそり納入させて、会社ごと姿をくらますパターンに引っかかったのです。

もし、あのとき、私が自分の「いやな感じがする」という感性（オンナ思考）と、「なぜ今回に限って注文がこんなに増えたのか？」という論理的な思考（オトコ思考）をバランスよく使えていれば、しっかり調べて、被害を防げたはずです。

オンナ思考、オトコ思考のどちらもできていないと、物事はうまくいかない、成功することはありえないと、あらためて痛感させられた出来事でした。

ついている人や、成功者と呼ばれる人たちは、例外なく「バランスの取れた人」です。感性でとらえても論理的に行動する。論理でとらえても、感性を大切にする。

ですから、大きな失敗はしません。

また、仕事のやり方は厳しくても、情があって、人に好かれるのです。

オンナ思考の人は、「ついてる！」「いい感じ」「キラキラした……」といった言葉をよく口にします。

オトコ思考の人は「プロセス」「証拠」「理由」といった言葉が会話に出てきます。

あなたはどうでしょうか？

どちらかに偏っていたら気をつけましょう。

これからは、どんな場面でも対応できる、バランスの取れた思考を持つこと。

「オカマ」思考でいられる人に勝ち目があるのです。

間違った努力はさっさと捨てよう

以前、ある女性から相談を受けたときのことです。

「私はカフェを開くのが夢で、高校卒業後2年間専門学校で勉強し、有名なカフェでアルバイトをして、開業セミナーにも通いました。それ以外にもいいといわれる成功法則や願望実現の本も読んできましたし、いろいろな方のセミナーにも行きました。けれど、何も変わらなかったんです。前向きに努力しているのに……。いつになったら、結果が出るのでしょうか？」

私は

「あなたの夢は素晴らしいと思います。それで、具体的な行動はしたの？」

と、尋ねました。

「ですから、専門学校で勉強し、カフェでアルバイトをし……」

と、同じことを繰り返し私に伝えてきたのです。

「私が聞きたいのはね、具体的な行動をしたのかってことなの。開業資金を作るためにお金を貯める努力をしたとか、いくらたまったから物件を見に行ったとか、事業計画書を作ったとか。そうしたことはやったの？」

するると、

「お金はちょっと……。付き合いもあるし、海外旅行にも行きたいし、いろいろとお金のかかることがあって」

私は、目の前の楽しいことをすべて我慢しろとは言わないけれど、本気で夢を叶えたいと考えるのならば、知恵を絞り具体的な行動をするべきだと伝えました。

「本当にカフェを開きたいのならば、何を最優先にしなければいけないかわかるでしょう？　知識を増やしても、具体的な行動をしなければ、夢は形にはならないわ」

そして彼女に、ある提案をしたのです。

「半年後、またお会いましょう。そのとき、私にお店の見取り図とデザイン、お店の名前、メニュー、売り物、どこに開くかなどできる限り具体的な計画を必ず示してね。資金はいくらかかるかも」

私は、彼女の夢が本物かどうか知りたかったのです。本物ならば、さまざまな行動を起こし、私の提案への答えを持ってくるはずです。そして、それまでの彼女に欠けていた努力がどういうものだったかも自覚してほしかったのです。

約束の日が来ました。

彼女は、前に会ったときと比べると、断然キラキラと輝いていました。本気で何かをやりたいという人の、熱気のようなものも感じました。

そして、私の提案への答えをすべてそろえてきたのです。

「臼井先生、私、甘かったです。それに考え方に一貫性がなくて。ずいぶん遠回りをしてきました。いらないことをしてたんですね。

先生のアドバイスに従って『具体的な行動』を取り始めたら手応えがあって、はっきり夢に近づいていると、感じることができるようになりました」

彼女は、私に会った後、気づいたそうです。

肝心な努力をせず、頭の中とセミナーと本だけでは、何年たっても状況が変わらなくて当たり前。いくら勉強してモチベーションをあげても、その後の行動がなければ意味のないことを。

そして、事業計画書を書けるように勉強し、開業資金を調達するための具体的な準備を行い、メニューを考え、場所を選定し、どんどん夢を周囲の人に話し、現実のものに近づける努力をしたのです。

すると、知人が所有しているビルの一角を破格の値段で貸してくれる話が持ち込まれたり、備品を安く提供してくれる人が現れたり。どんどんいいことが起こっていったのです。

そして……。

今年の夏、彼女のカフェはオープンすることになりました。

私たちが何かを成し遂げようとするときには、さまざまな努力をするのはもちろん必要です。しかし、その努力の質が正しいかをチェックしないと、成果が出ないことがあります。気持ちばかり焦って、どんどん辛くなっていくのです。

正しい努力をすれば、望みは必ず叶います。

「正しい努力」とは、その望みを叶えようという確固たる考えがあり、望みに対して、恐れや不安を持たず、望みが現実になる日がすぐ来る準備ができている。

本筋に合ったことを実行しているということです。

正しい努力ならば、辛かったり苦しかったり、いやな気分を感じることは全くありません。力まず、楽しく、心踊る自分に気づくはずです。

「一生懸命」を捨てる

仕事熱心でよく気がつくのに、周囲の人から煙たがられてしまう人がいます。

仕事もプライベートも一生懸命なのに、不満ばかり抱え込んでいる人もいます。

そんな人たちが共通して持っているのが、**「～はこうあるべきだ」という固定観念や「～しなくてはいけない」という強迫観念。**

これって実は、運の悪い人の典型なんです。


仕事のやり方は人それぞれ。商談でも、内容を残らずメモする人もいれば、キーワードだけを書く人もいます。途中では全くメモを取らず、終わるやいなや書き出す人もいます。メモ帳に書く人、電子手帳に打ち込む人、手法もさまざまです。

自分が残らずメモを取るタイプで、それでいくつもの商談を成功させてきたとしても、周囲の人に「商談を成功させるにはこの方法しかない！」と主張するのはおかしなことですよね。

全くメモを取らずに成功した人もいれば、別のやり方でうまくいっている人もいるのですから。


「こうあるべきだ」という固定観念が強すぎると、今のやり方から抜け出すことができなくなります。また、「～しなくてはいけない」という強迫観念で行動しているのでイライラしやすく、周囲の人に当たって孤立していきやすくなります。

頭では自分でも「ゆとりを持つことが大切」だとわかっていたとしても、気持ちに余裕がないために、できません。

少し休んでみればもっとうまくいくようになる、仕事の効率がよくなるのに、勇気がなくて休めないのです。

そうやって、ますます自分を追い込んでいくのです。

「仕事ができる人」には、往々にしてそういう一面があります。

あなたにも覚えがないでしょうか？

「一生懸命やらなければ……」という強迫観念に縛られて、休まず行動し続ける。周囲の人も休ませず、自分も人も辛くさせていく。

「忙しい」が口ぐせの人や終始イライラしている人は、そういったスパイラルの中で身動きが取れなくなっています。

実はかつての私もそうでした。

「自分のやり方が正しい」と思い込み「失敗は許されない」と、自分も周囲も追い込んで、「どうして私が思うようにみんなも動かないの？」と押し付ける。

一生懸命な気持ちが自分を窮屈にするばかりか、周囲とのあつれきを生んでいたのです。

当然ながら、心から応援してくれる人や利害関係抜きに私に協力してくれる人はいませんでした。

仕事が辛く、周囲の人の視線が冷たく感じられたときには、「一生懸命になりすぎていないだろうか？」と、自分を振り返ってみましょう。

自分を休ませ、人も休ませるようにしましょう。

何事も、遊びやゆとりが必要なのです。そこに、素晴らしい出会いや幸運が舞い込んだり、思いがけないアイディアがわいてくるスペースが生まれるのです。


一生懸命を疑うと、不思議と今まで見えなかったことが見えてきます。

新しい価値観が生まれ、それまで負担でしかなかったことが大切に思えたり、くだらないと関心を示さなかったものの中に、面白みを見つけたり。

何事も力まず、間をおいたほうが、協力や応援も得やすくなります。

余裕があって幸せそうに見えます。人が自然と寄ってきます。


人生を輝かせるためには、全力で走るだけでなく、速度を緩めたり、ときどき立ち止まったりしてみることも必要なのです。

「がんばること」を捨てる

自分を成長させたり、評価を受けるためには、苦労や困難を乗り越えることが必要だと多くの人が思っています。

かつての私もそうでした。長年、「がんばる」を口ぐせにしてきたのです。

「会社の業績はどう？」

「がんばっていますよ」

「仕事は楽しい？」

「がんばっていますから……」

お得意様から厳しい注文を突きつけられると、とうていだめだとわかっていても、「がんばってみます」と言葉にする。

そんな私を「がんばり屋のバーゲンセールみたいだな」と指摘した人がいました。

「えっ？　バーゲンセールって？」

相手は、さとすように話し始めました。

「臼井さんは、常に精一杯努力し続けるのが理想だと思っているだろう？　そんなことをしていたら、いずれ破綻するよ。**むやみにがんばるのではなく、ポイントを絞ってがんばるのがコツなんだよ**」

自分のお尻をたたき、背中を押し、嫌なことに対してもがんばり続けていては身がもたないし、がんばる姿が傍目にはこっけいに映ると言うのです。

そんな人はいつも時間に追われて、「本当にやらなければいけないこと」が目に入らない。「本筋に合ったこと」を行うのが疎かになるから、がんばり屋のバーゲンセールのまま。

仕事ができて人に尊敬され、お金にも愛される本物の成功者にはなれない。しょせん、安物のままだと。

確かに、「がんばる」が口ぐせだった頃の私は、「がんばっただけの結果」が出ないことにいらだっていました。

努力したわりに報われない自分を「ツキに見放された人間」だと思っていたので

す。

仕事でも勉強でも、必死な思いで取り組まなければいけないときは、確かにあります。そういうポイントではしっかりがんばることが大切です。

また、自分が楽しいと思うことは、どんどんやって構いません。人になんと言われようと、健康を害さないことと人に迷惑をかけないことさえクリアすれば、飲まず食わず、寝る間も惜しんでやりましょう。

それが運をつかむコツだからです。

けれども、**楽しくもないし、やりがいも見出せない、嫌だと思っていることを、「苦労は買ってでもしろと言うし……」などと自分に言い聞かせながら、がんばることはやめるべきです。**

誰だって、人からよく見られたいし、できる人に見られたいもの。でも、自分の時間を苦労に彩られたものにしていては、人生を謳歌しているとは言えません。

がんばり方には、きちんとしたスタイルを持つことが必要です。

①ポイントでがんばる
↓何もかもがんばるのではなく、緩急をつけた力の入れ具合を心がける
②楽しいことにはがんばる
↓ワクワクドキドキすることには力を入れ、エネルギーを費やす

「がんばることをがんばらない」に限るのです。

眉間にしわを寄せたり、歯を食いしばったり悲壮感を漂わせないほうが、何事もうまくいく。

これは私の経験則です。

後悔しない
あなただけの天職の見つけ方

「仕事がつまらないんです。でも、本当に自分に向いている仕事が何なのか、わからなくて……」

「やりがいのある仕事をしたいんです。どうしたら、天職が見つかりますか？」

そんな相談を受けることがたびたびあります。

天職とは、神様が与えてくださったと思えるほど自分にピッタリな仕事、あるいは「自分はこの仕事をするために生まれてきた」と言えるほど、自分に向いている仕事のこと。

いったい、どうしたらそんな仕事に出会えるのでしょうか？

今すでに仕事をしている方たちには、金銭的なことで会社を選んだ人もいるでしょうし、仕事の内容ややりがい、将来性を考えて就職した人もいるでしょう。

友人にすすめられて、知り合いに声をかけられて……。あまり深く考えずに仕事を選んだ人もいることでしょう。

どんな仕事でも、外から見るのと、実際に中に入って仕事をするのとでは、雲泥の差があります。違和感を覚えたり、「こんなはずではなかった」と失望したり、「当てが外れた」なんて思う方も珍しくないでしょう。

しかし多くの人は、与えられた環境に順応しようとします。目の前の仕事を好きになろうと努力をし、仕事を覚え、周囲に溶け込もうと懸命になります。

そうして時が過ぎ、さまざまな経験を積むうちに、その仕事の面白さに目覚めることもあります。「嫌いだ」「つまらない」と思っていた仕事が好きになるのです。

私もそうでした。やむをえない事情で今の仕事に就いたものの、最初は次々に襲いかかる苦難の中でもがき苦しむだけ。仕事が嫌でたまりませんでした。でも、不平不満を思い切って捨て正面から向き合うようにしたら、不思議と素晴らしい出会いに次々と恵まれるようになり、仕事がどんどん面白くなっていったのです。つらいことはたくさんありましたが、今では「これこそ私の天職だ」と思うに至っています。

しかし一方で、いくら好きになろうとがんばっても体が受け付けない、自分と会社や仕事との間にズレを感じていたたまれなくなる人もいます。

知人のAさんは、理系の大学を優秀な成績で卒業し、IT企業に就職しました。会社を決めたのは本人の希望です。待遇も将来性も、仕事の内容もよく考えた上での選択でした。

面倒見のいい性格から、同期入社の中でも何かと頼りにされる存在で、仕事ののみ込みもよく、上司のうけもよかった彼は、どんどん仕事が好きになっていったのですが……。

一方で、だんだんと会社の方針に疑問を抱き始めました。

社長や上司は「何が何でも数字をあげろ！」「無理してでもお金を出させろ！」と言って、お客様に対して強引な仕事を要求します。彼にとっては罪悪感を覚えることもたびたびでしたが、上司たちは平気なそぶり。

「一日も早くこんな仕事を辞めたい」

「もう会社にいたくない」

Ａさんはそう思うようになりましたが、飛び抜けた待遇で、勢いのある誰もが知る会社です。

「お前がうらやましいよ」

ほかの会社に勤める友人たちにそう言われるたびに、辞めようとする気持ちが萎え、「恵まれた環境」を捨てることが怖くなったと言います。

「嫌だ、嫌だ」が、そのうち「こんなものかな。……しょうがない」に変わって会社に残る決意をし、前以上に仕事に打ち込んだそうです。

しかし、どうしてもなじめません。とうとう、彼は心を病んでしまいました。

Ａさんの例は特別ではありません。

自分のエネルギーとは違う職場や仕事に関わり続けると、こういうことが起きてくるのです。

そもそも自分が成し遂げたいと思う、あるいは自分に適したミッション（使命）とかけ離れた人たちと共にする仕事や、貧しい心や利己的な考え方で固まっている人のいる職場からは、離れたいと思うのが自然です。

その気持ちにフタをし、お金のためや世間体を気にしてしがみついていても、本当に質の高い仕事はできませんし、人間的な成長ものぞめません。

あなた自身が「楽しい」と感じられるかどうか？　成功したければ、それを最大の判断基準にすることです。

もちろん、ときには家族のため、お金のために仕事をしなければいけないときもあるでしょう。

しかし、あなたという人間がその仕事や会社にとって良質すぎる場合には、あなたの心もたましいも、そこから離れようと抵抗します。感情を混乱させたり、体に変調をきたしたりと、警告を発してきます。

日本では、まだ転職をよく思わない風潮がありますが、仕事や職場に自分とは違うエネルギーを感じ、ミッションにズレを感じるのなら、「辞めたい」という気持ちを正直に見つめましょう。

あなたに合った道は、ほかにあります。

その後Aさんは会社を辞め、精密機器を扱うメーカーに転職をしました。

仕事を選んだときのポイントは何だったと思いますか？

給料、休み、将来性、出世や昇進の可能性、今までの経験が生かせる仕事……。

どれでもありません。

彼にとって、そんなものはもうどうでもいいことだったのです。

そうした面をあえて頭の中から捨てて考えたとき、答えが出たと言います。

仕事に感謝できる、心から愛せると、たましいが揺り動かせられる仕事を選んだのです。


「この仕事は神様が与えてくれた」と思えるような仕事、「自分はこの仕事をするために生まれてきた」と感動を覚える仕事＝天職は、お金や見栄や世間体、かっこよさ、流行や評判など、うわべのものを捨ててこそ、見つけることができるもの。うわべに気をとられ、しがみついていては、本当にやりたい仕事や人間関係に恵まれた中で仕事をすることはできません。

天職が見つからない、何が自分に合った仕事かわからないという人は、雑多な欲望を捨てられないからにほかならないのです。

できる人は「義務で働く時間」を切り捨てている

多くのビジネスマンが使っているシステム手帳は、時間単位でスケジュールを把握できるようになっています。

そんな手帳を前にすると、つい予定を入れてしまいがちです。

あなたにも覚えがありませんか？

商談のアポイント時間や営業活動の内容といった仕事の予定だけでなく、何時にどこで昼食を取るか、仕事帰りにどの店に何時頃立ち寄るかまで書き込む。

冷静に考えれば余白があったってかまわないのに、余白があるとなぜか埋めたくなってしまう……。

これは「予定が多く忙しい人＝仕事のできる人、人気がある人」、「予定の少ない人＝仕事を頼まれたり、誘われたりすることが少ない人」といった誤解から生じる一種の脅迫観念のようなものではないでしょうか。

この考えから見直さないと、仕事に追われ、時間に追われるだけの人生になってしまいます。


「時間を無駄なく使いたいから」

「効率よく仕事がしたいから」

そう考えて、システム手帳でスケジュールを管理している人は多いはず。ところが、そういう人に限って、スケジュールを管理するよりもスケジュールに管理されているようです。**時間を使いこなしているようで、時間に追われているのです。**

「忙しい」が口ぐせの、余裕がない人が多いのです。

これはシステム手帳の使い方が間違っています。生き方のシステムに支障が生じていると言ってもいいでしょう。

あなたは今、予定がびっしり書き込まれた手帳に縛られ、心も体も凝り固まってしまってはいませんか？

忙しいばかりで、やりたいことができないストレスにさいなまれてはいませんか？

時間に追われる毎日から脱したいのなら、思い切って時間単位に区切られた手帳を捨ててみましょう。

かわりに、本当に必要なことだけを書きこめる小さな手帳に変えてみてください。

仕事ができる人は、緩急のつけ方が上手です。あるときは集中的に寝る間も惜しんで仕事をしても、その後はスポーツを楽しんだり、旅行に出かけたり。

みんなが仕事をしている平日に、平気で休暇をとることもします。

仕事に没頭し、その能率が落ちる前に休む。これが適度な緊張感を持ちつつも、心豊かに、仕事の成果を出す秘訣なのです。

スケジュールの立て方に自信がない。オンとオフの切り替えがうまくできないという人は、義務で働く時間が多すぎるのではないでしょうか。

それは、本当にあなたがやらなければいけないことですか？

すぐに行動しなければいけないことですか？

義務で働く時間を捨て、それを自分のための時間にする。

それが〝できる人〟の条件なのです。

ツキを呼び込む「臼井流・名刺整理術」

増え続ける名刺の整理に閉口しているビジネスマンは多いと思います。特に営業や販売など人に接する機会の多い人は、名刺交換する機会も多いはず。

名刺の数が増えるのは、知り合いが増えること。そこからお客様につながる場合もあるのですから、本来、歓迎すべきなのですが……。実態は、一週間もたてば名刺を見ただけではどんな人だったか、何を話したのか、浮かんでこない人も。

名刺に顔写真や印象的なイラスト、人目を引くキャッチフレーズが入っていれば別ですが、会社名と連絡先、役職ぐらいが書いてあって、これといった特徴のない名刺がほとんどですから、ピンとこない名刺ばかりでしょう。

かつての私も同様でした。名刺ホルダーに時系列で整理してあるとはいっても、詰め込んでいるだけで、活用できない名刺ばかりだったのです。

不思議なもので、パンフレットやカタログは、どんなにお金がかかっていそうなものでも平気で捨てられます。

しかし、なぜか名刺は捨てられません。かさばらず、邪魔にもならないのに……。

名刺を捨てると、その人との縁を切ってしまうようで、捨てられないのです。

好きだった人の写真を捨てられないのと似ています。

しかし、増え続ける名刺をただストックし続けているのは、不良債権を抱えて四苦八苦している銀行や、いくつものお見合い写真を抱えて相手を選べないでいる人と同じです。

「名刺の数＝人脈」では、ありません。

また、顔を思い出せないような人は、知り合いでも顔見知りでもありません。

多くの人が集う異業種交流会やパーティーでは、名刺を交換することに血眼になっている人がいます。

30代の頃の私も、多くの人と知り合えば、それだけ多くの恩恵を受けることができると思い、そういう場では〝名刺交換マシーン〟のように動いていました。人付き合いは、濃さよりも数が大切だと思っていたのです。

その結果、名刺の数は増えても、知り合いと呼べる人はわずか。味方になってくれるような人は見つからず、私の積極性から、あからさまに私を避ける人もいました。今も、当時の私のような人は多いと思います。

また、名刺の数をストックすることに気がとられていると、本当に付き合うべき大切な人との関係が見えてきません。

ですから、自分なりのルールを決め、思い切って名刺を整理しましょう。「整理とは捨てること」だと肝に銘じて、どこの誰かわからない名刺は捨てるのです。人は付き合って関係を深めてこそ、宝になるのですから。

ここで、私の名刺の整理方法をお話しします。

① 名刺交換をしたら、その日のうちに名刺の裏にその人の印象や、会話のポイントをメモしておく

②時系列に1週間単位でまとめ、小さな箱にストックしておく
③その際、またお会いしたい人や連絡のあった人は、別にしておく
④③の人は、データとしてパソコンに記録する
⑤④までの作業を1ヵ月単位で見直して、金のファイル（人脈になりえる人）と、黒のファイル（それ以外の人）に分ける
⑥3ヵ月ごとに見直す（その時点で金のファイルから黒に移る人もいれば、データに入る人や削除する人もいます）

私は、3ヵ月を、名刺を捨てるかどうかの目安にしています。短いと感じる人もいるでしょうが、山ほどある中から、必要な名刺を見つけるのに時間をかけることは無駄でしかないと思うのです。

できる人ほど、効果的に名刺を整理しています。
必要な人と大切な時間を過ごし、中身の濃い付き合いをするために、名刺を捨てることをいとわない人が運をつかむと言ってもいいでしょう。

情報は捨てることを前提に収集する

あなたの机の上には、書類が山のように重なっていたり、参考資料が無造作に置かれてはいませんか？

働く場所にはふさわしくないお菓子やキャラクターのついた雑貨などが、まぎれてはいないでしょうか？

仕事ができる人の机の上は、例外なくきちんと片付いています。

ほしいものがすぐに見つからないことがどれほどロスを生み出し、ストレスを作り出すかを、彼らは知っているのです。

自宅と違って、机の上ならば数十分で片付きます。

机の上の片付けを毎日の習慣にすれば、５分もかからないはず。

それなのに、机の上が片付かないのはなぜでしょうか?


片付いていない人の机の上を見れば、答えは明らかです。

机の上を占めているのは、いらなくなったメモや、すでに実行されたプロジェクトの企画書、終わった会議の資料などの情報類。ほとんどが必要ないものです。

本来必要としているものは、それらの5%にも満たないと思っていいでしょう。

片付けられない人は「いつか使うかもしれない資料」や「あれば便利だと考える書類」を後生大事に抱え込んでいるのです。

しかし、「いつか」の出番はまずありません。出番があったところで、探すのに手間取るだけ。新たに入手するほうがよほど早いのです。

それに、「あれば便利だ」と考えている書類も、ひと月もたてばその情報は古くなります。まして何年も前の情報など抱え込んでいても出番があるはずもないのです。


「これから先、役立つかもしれない」という気持ちがあり、捨てることを躊躇するのならば、あなたの未来は知れています。

余分な情報に支配されていると、本来気づくべきものが見えてこないのです。
頭の中がごちゃごちゃしていては、いい仕事などできるはずがありません。
仕事のやる気を起こさせ、自信をつけるためには、余計なものを捨てましょう。
書類や資料といった形になっていないものであっても、**情報は捨てることを前提に収集するぐらいの気持ちでいたほうがいい**のです。

散らかっているところに、資料や書類が一つ増えたところで、溶け込んでしまうのも怖いことです。

ですから、片付けを毎日の習慣にしましょう。

捨てることは、苦痛を伴います。捨てることには、誰しも葛藤があるからです。
でも、すべてを捨てるわけではありません。捨てられないもの、自分の一部になっているような思い出のものは、「自然と捨てよう」と思えるときがくるまで、とっておけばいいのです。

しかし、情報は別。効率重視で割り切らないと、仕事の成功は望めません。

仕事の8割は捨てなさい

あなたの仕事の8割は本来いらないもの。
あなたが直接関わらなくてもいいもの。
そう言ったら、違和感を覚える方も多いことでしょう。
でも、事実です。
検証してみましょう。
あなたの日々の業務を、紙に書き出してみてください。
私でしたら、大きく分けて次の8つの業務を行っています。

①経営戦略を立てる・予算を組む
②商品の企画と開発

③社員の教育
④経営コンサルタント
⑤講演やセミナーの講師
⑥執筆業
⑦取引先や親しい人との付き合い（パーティーや会合への出席）
⑧ブログやリリース、メルマガに関わる業務

この中で、①は経営者としての責任に関わる仕事。会社の方針や目標の設定、予算の管理などは何をおいても私がするべき仕事です。

しかし②や③は、確認作業と最終決定は私がやるべきでしょうが、信頼する部下に任せることもできます。

任せることで、私には時間の余裕が、部下には経験を積むチャンスが生まれます。

④⑤⑥は、私にしかできない仕事とも言えますが、一部は人に任せることもできます。任せることで、相手の能力を熟達させ、自信をつけさせることが可能になります。

⑦にいたっては、応援団とも言える濃厚な付き合いをするべき人やごく親しい人との付き合いを除いてですが、人に任せることで、部下は人付き合いのコツや人脈を広げるチャンスが増えます。会社の代表としての振る舞い方も学べます。何よりも、人を見る目を養わせることができます。

⑧のほとんどは、人に任せることが可能なのは言うまでもありませんね。

同じ要領で、あなたが書き出したリストをチェックしてみてください。

いかがですか？

ふだん「私の仕事」「他の人に任せられない仕事」と思っている業務のほとんどが、実は人に任せられることに気づくはずです。

「他人に任せたら、自分の仕事をとられてしまう」

「私の出番がなくなる」

と不安になったあなたは、仕事抱え込み病の重症患者です。

このままでは、永久にあなたは時間に追われ、仕事に追われるだけの「仕事マシーン」に成り下がります。心からあなたが望む仕事を見つける余裕も、あなたの潜在能力を生かすこともできません。

今すぐ、「仕事の8割は捨てる（人に任せる）」という道を選択しましょう。

そして、**あなたがやるべき2割の仕事に集中する**のです。

もちろん、現状把握や指導、仕事の進捗具合の確認とアドバイス、任せた仕事の成果を分析し反省する、任せた相手とのコミュニケーションを円滑にするなど、メンテナンスには細心の注意を払う必要があります。

8割の仕事を捨てると、どうなるでしょうか？

楽しみにしていてください。

仕事のクオリティは格段に上がり、仕事を任せられた人は育ち、あなたは感謝され、8割が空になった分、あなたの元に新しい出会いが訪れます。

仕事を捨てることは、「失う」のでなく、「不要なエネルギーを処分し、燃費を上げ仕事の質を高める」と、頭を切り替えてください。

成功者は5つのCを理解する

失敗には、2つのパターンがあります。

①失敗を何度も繰り返す

②同じ失敗を何度も繰り返す

この2つは似ているようですが、全く意味が違います。

①は、失敗を恐れず前向きに行動する。過去の失敗から学び、経験を生かし、知恵にして次のステップに向かう。トライアンドエラーを繰り返しながら、必ず本物の成功をつかめる人の行動です。

一方、②は、せっかくチャンスが巡ってきても「また失敗したらどうしよう」と考えてなかなか前に踏み出せない、あるいは「今度こそ、何とかしなくては」と焦って、やみくもに動く人の行動です。

チャンスを前にして立ち止まっていては、決して成功することはできません。

また、失敗したときの考え方や行動について整理することなく、混乱した状態のまま新たに何かに取り組んだところで、いい結果が得られるはずはないのです。

成功する人は、失敗に必要以上に縛られません。

だからといって、根拠や理由がないままに動くこともしません。

立ち止まるのは、チャレンジするときではなくて、チャレンジした結果、失敗をしたときだというのを知っているのです。それは失敗の原因を徹底的に分析し、自分自身をじっくり見つめ直し、エネルギーを蓄えるためです。

悔やんだり焦ったりするのではなく、次のステップに踏み出す時のために、冷静に自分をコントロールする。それが失敗したときに一番するべきことだと知っているのです。

ですから、失敗したときは、それ以上無理に進もうとしないで、一度立ち止まってみることが大切なのです。

「失敗は成功の母」というのは、「同じ失敗を何度も繰り返せば、成功にたどり着ける」という意味ではありません。失敗を成功につなげるには、失敗の原因について反省・分析し、焦らずに自分をコントロールして未来につなげるエネルギーを蓄え、次のチャンスに生かすことです。

言葉を換えれば、CHANCE（チャンス）を生かせる人とは、失敗したときに、一度立ち止まり、自分をCONTROL（管理）し、次につなげるエネルギーをCHARGE（充電）し、CHANGE（変化）を恐れず、CHALLENGE（挑戦）し続ける人です。

成功には、この5つの要素が欠かせないということです。

①チャンスを見極める目を持つ

②コントロールする力の意味を知る

③チャージする時間を持つ

④チェンジを恐れず、楽しむ勇気を持つ

⑤チャレンジ精神を持ち続ける

ついている人は例外なく、この5つのCを備えています。

なお、失敗の原因を反省し分析することは、「自分はだめなやつだ」などと自信をなくすためのものではありません。不安だらけになってチャレンジする気力を後退させるぐらいなら、反省も分析も必要ありません。

5つのCを持ち続ける限り、壁にぶつかっても、人に頼ることばかり考えずに、自分の知恵と行動で壁を破ることができます。

どんな時代になっても勝ち残れるのです。

そして、捨てることの怖さなど感じることもない。

捨てた後に得られるものの大きさを知り、輝いて生きていけるのです。

第3章

「豊かさ」を引き寄せる捨て方

お金や運は見栄や欲を捨ててこそ引き寄せられる

今は、ローンやクレジットを利用すれば、ある程度のものは手に入る時代。ほしいものがあれば、お金がなくても、すぐに自分のものにできます。

極端な話、新入社員でも安アパートに住んでいる人でも、高級外車を持つことができるのです。

しかし、収入に見合わない、身の丈にそぐわないものを欲求のおもむくままに手に入れたら、どうなるでしょうか？

手に入れた車のために食べるものを切り詰め、着るものを節約したら、それが顔つきにもあらわれ、どんなに素晴しい車に乗っていても無理をしているのがわかります。

一方、計画的にお金を貯めている人は、輝きが違っています。ほしいものを手に入れる日を目標にして、お金ときちんと向き合い、いい仕事をしよう、自分を磨こうとしているからです。

見栄や欲は、誰にでもあります。

「こういうふうに見られたい」

「こんなものを持てば、一流だと思われるのではないか」

そんな見栄や欲が自分を奮い立たせるきっかけになるとしたら、それは素晴らしいこと。でも度を越して、「あれもこれもほしい病」にとりつかれると、**確実にお金や運は遠のいていきます**。求めれば求めるほど逃げていきます。

なぜでしょうか？

それは、**お金というものは、「使ってくれる人」を選ぶ**から、です。

見栄や欲に駆られてお金を使っている人は、そのものがほしいからお金を使っているのではなく、お金を使っている自分を誇示したいだけ。お金は、そういう人は選びません。

お金に好かれる人になるには、自分に本当に必要なもの以外は切り捨て、無駄なものには手を出さないことです。

節約しなさい、倹約しなさいと言っているのではありません。

高いものをやめて安物買いに走れ、と言っているのでもありません。

お金の話を持ち出すと、すぐに「使わない」「貯める」という感覚になる人は、要注意です。

こういう人は、人生を楽しむ前に貯めることに気持ちがいってしまい、その姿勢が運を逃がすもとになりかねません。


私の知り合いに、何事もお金を使わないことをモットーにしていて、人にねだったり、おごってもらおうと画策する方がいます。どうしても自分でお金を使わなければならないときには、なるべく安く上げようとします。「財布を忘れた」は、お決まりのセリフです。

当然と言えば当然ですが、周囲の人は彼女と付き合うのを避けています。

その彼女が昨年、腎臓を患って入院しました。でも、親族は誰一ひとり、お見舞いに来ませんでした。

私は花を持って病室に伺ったのですが、「花よりもお金がよかった」と、はっきり言われました。

そう言う彼女の顔にはさびしさがにじんでいました。人にも運にも見放され、孤独な毎日を送る彼女……気の毒に思わずにはいられませんでした。

収入に見合わない車やブランド品を見栄で買う人も、彼女のようにお金を貯めることが目的になって人生を楽しむことに気がいかない人も、お金に翻弄されているのです。

お金との付き合い方に余裕がなくなると、それが態度に出て運を逃がしてしまいます。

今、あなたが心からほしいと思うものは何ですか？

それはあなたに見合ったものでしょうか？

冷静な目で、自分に本当に必要かどうかを見極めてください。

少しでも疑問が生じたら、今のあなたには必要のないものです。

自分にとって本当に必要なものを見極め、それ以外は捨てることができる人は、お金に喜ばれ、お金が回ってきます。自然といいものがそろい、あなたの態度も生き生きとしてきて、いい人も引き寄せられます。

迷ったら買わない。

このことを忘れないでください。

お金に執着すればツキを逃がし、計算を捨てればツキを拾う

お金は不思議な性格を持っています。

追いかければ逃げるし、感謝して受け取ればさらに増える。

いつも「お金がない」「自分はお金に縁がない」と言っている人には、お金は巡ってきません。

また、「お金は汚いもの」だとか「お金のせいで……」と、お金に対して負のイメージを持っている人からも離れていきます。

お金と聞くと、すぐに「貯めるもの」という感覚になる人がいます。

こういう人は人生を楽しむことよりも、お金を貯めることに気がとられ、その姿勢は至るところにあらわれます。

立食式パーティーで料理に群がり、自分のお皿に食べ物をあふれんばかりにのせ、グラスを抱えて次々と飲み食いしている人をよく見かけます。

「お金を払っているのだから、その分は飲み食いしなければ損だ」

「元を取って帰らなければ……」

こんなセリフを口にする人もいます。

彼らは、「安くあげること」に夢中なのです。

なぜこうなるかと言えば、頭の中に常に電卓があって、物事の善しあしを「損得勘定」で考えるくせがついてしまっているからです。

しかし、**安くあげることに夢中になっていると、人生も安いもので終わってしまいかねません**。損得勘定にばかり気を取られていると、お金を貯めるどころか、不満をためる人生で終わってしまいかねないのです。

お金を大切に扱う気持ちは必要ですが、不思議なことに、「安くあげること」に執着していると、お金は貯まるどころか逃げていってしまいます。

なぜだと思いますか？

お金は、人生を楽しむのが上手な人のところに集まってくるからです。

もちろん、世の中には人から「守銭奴」と言われるようなお金持ちもいますが、そういう人たちは別のところでマイナスが生じてしまいます。たとえば、周りに集まってくるのはお金目当ての人が多く、愛情面で真の幸せを望めなかったり、物事を楽しむ心に欠けていてつまらない日々を送っていたり……。

私たちが命をいただいているのは、何よりも「人生を楽しむため」です。人生を楽しみ、そのことに感謝し、感謝の心を伝えることが使命でもあるのです。

ですから、お金は楽しみ方が上手な人に集まってきます。

自分自身を楽しませるために、感謝しながらお金を使える人が、「お金持ちになれる人」なのです。

損得勘定だけで生きている人は、「この人と付き合ったら恩恵がある」「この人は使えない」と、人付き合いも計算第一主義です。

内心、「ギブアンドテイク」の意味を、「〜してほしいから、〜する」ということだと解釈しています。だから、見返りを性急に求めたがります。

「私はこれだけのことをしたのだから、あなたは私に当然お返しをするべきだ」と明言しないまでも、におわせるのです。

そして、期待どおりの見返りが得られないと、陰で攻撃する人もいます。


「ギブアンドテイク」とは、見返りを期待する行為ではありません。

心から相手に「こうしたい」と思うことを、行動に移すことです。

期待感が微塵でもあれば、「親切の押し売り」になり、人の心は離れていきます。

計算が見えれば、誰も手を貸そうとはしないのです。

何事も安くあげようとする人も、ギブアンドテイクの意味をはき違えている人も、お金の力にものを言わせて人の心をつかもうとする人も、「お金に執着している人」。

形の違いはあっても、「はじめに計算ありき」の間違った金銭感覚を持つ人です。

この考えを捨てなければ、やがて人生は破綻します。


Bさんは、誰もが認める「成功者」でした。

無一文から化粧品会社を興し、その地方で彼の名前を知らない人がいないくらいの成功をおさめていました。

私が知り合ったのは、バブル時代。バブルに乗じて彼の会社の業績は、うなぎ上りでした。

自社ビルの応接室には何千万円もするじゅうたんが敷かれ、お客様をもてなすコーヒーが注がれているのは、金箔に彩られた10万円はくだらないカップ。女子社員には、彼の好みのデザイナーに特別に発注したユニホームを着せていました。

それを見た私は、正直、うらやましさよりも「違和感」を覚えました。きれいな制服に身を包み、上り調子の会社にいるのに、働いている人たちが少しも楽しそうに見えないのです。

彼の口ぐせは「お金はウソをつかない」でした。「高い金を払えば、いいスタッフが集まる」「いいスタッフが集まれば、いい仕事ができる」「儲けられる」ともよく言っていました。

この考えを、私はすべて否定するものではありません。

しかし、バランスを欠いて、人の心はお金でどうにでも動くとまで考えていたところに、私の違和感の源があり、彼の破綻の芽があったのです。

仕事の成果をあげたスタッフにも、「高い金を払っているのだから、成功して当然だ。もっとやってもらわないと困る」と、ほめることをしないで嫌味を言う。

「お前の代わりはいくらでもいる。辞めさせられたくなかったら、もっと成果を出せ！」

結果、優秀なスタッフは彼の元を離れ、気づいたときには事業はジリ貧状態になっていました。

それでも「金さえあれば……」という考え方は改まることはなく、とうとう会社は倒産してしまったのです。

私の知るかぎり、**お金に好かれる人は、人に好かれる人**です。

計算抜きに、自分のできる範囲のことを相手に与えられる人です。

お金に縛られず、お金で人を縛ることもしない。

見返りを要求しない姿が共感を生んで、協力者や応援者が自然に現れ、ツキに恵まれ、仕事もプライベートもうまくいく。

感謝の心が周囲に広がって、お金が巡ってくるのです。

お金に執着するよりも、ほどほどに手放す。
そのほうが数倍、人生はうまくいきます。
あなたもその効果を知ってください。

年収1000万円以上の人は「ダラダラ時間」を捨てている

私の周囲にいる年収1000万円以上の人には、共通した習慣があります。

それは、時間を無駄にしないこと。

今の時代、仕事でもプライベートでも「いかに時間を作り出すか」に多くの人が頭を悩ませています。

ところが、その一方で待ち合わせの時間に遅れる、決めた時間を守らない、連絡さえすれば少々の遅刻は多めにみてくれるだろうと考える……。遅刻が一時間にも及べば誰でも反省すると思いますが、5分程度の遅刻は大丈夫だと気にしない人も多いのです。

時間に遅れることとは、相手の大切な時間を奪う行為。

相手の「人生の一部」を奪っているのも同然です。

失ったお金は、働けばまた手にすることができます。

失った地位や名誉も努力しだいで回復できますが、時間だけはどうしようもありません。

「時は金なり」といいますが、**「時は命なり」**ではないでしょうか。

人生は時間でできているのですから。

私は「時間は命と同じように大切にしなければいけない」と思っています。


実際、年収が１０００万円を超える人たちは、時間に正確です。

待ち合わせをすれば、５分前には到着し、約束した時間にすぐに仕事が始められるように準備を終えています。

彼らは、５分前に到着することは、効率よく仕事を進めるために初速をつけることになる、と考えています。約束の時間ぎりぎりに現れると、それから5分ほどはダラダラしてしまうことになり、結果的に時間を無駄にすると知っているのです。

つまり、「ダラダラ時間」を捨てることが仕事の成果を上げ、自分を成功へと導くことを知っているのです。

仕事のできない人に限って、「忙しい」が口ぐせだったりします。時間に追われ、振り回され、「忙しくて、やりたいことができない」と口にする人こそ、ダラダラ時間を捨てられない人です。

その結果、肝心なときに時間に遅れて相手を不快にさせたり、信用をなくしたり、よけいなことに手を出して時間を取られ、仕事の成果を出せなかったり……。

これでは「年収１０００万円への道」は、はるかかなたです。

時間は、誰にとっても平等です。１日に与えられている時間は、誰でも24時間。ところが、その意識のない人がなんて多いことでしょうか。

朝はギリギリまで寝ている。

よけいな付き合いや行きたくもない飲み会に参加する。

人にすすめられたからと、目的意識もなくセミナーに参加する。

ラジオを聞きながら、あるいは食事をしながら、参考書を読んで勉強をする。効率を考えたつもりでしょうが、中途半端な行為で身につくものではありません。

これらはどれも、捨てるべき「ダラダラ時間」です。

自分の一日を見直してみて「ダラダラ時間」を見つけ出したら、徹底的に捨てましょう。すると、やるべきことや優先順位がはっきりと見えてきます。

「自分を生かす時間」が生まれてくるのです。

そうした時間の中で過ごすと不思議なほど仕事がはかどり、疲れも感じません。頭もクリアになって、さまざまアイディアが浮かびます。**いい流れの中に身を置くことができる**のです。

自然とポジティブになって生活に張りが生まれ、勢いも出てきます。

成功したければ、今すぐ「ダラダラ時間」を捨てること。

これは鉄則です。

おまけや限定品に振り向かないのは普遍のルール

得な気分にさせてくれる、おまけや限定品の類に弱い人は多いと思います。

衝動買いをほとんどしない私でさえ、「〇〇を購入すると、今だけ限定の〇〇がついてきます！」といった「おまけと限定のダブルパンチ」を前にすると、心が騒ぎます。

特に化粧品や日用品などの消耗品は、「いずれ使うんだから、ストックしておけばいいか」から「買っておいて損はない」になり、「賢い人なら、絶対に今買うよね」という思いになりがちです。

もっともな理由をつけ、自分を納得させて購入してしまうのです。

そうして手に入れたものも最後まで使えばまだいいのですが、途中で他の安いものやよさそうなものに気をとられて購入することになり、結局、無駄にすることが多いのではないでしょうか。

そしておまけも限定も、冷静に考えてみたら大して魅力を感じない、子供じみたものだったりします。

得した気分になるのは、一瞬だけなのです。


また、「お得だから」とついつい集めてしまうものに、ポイントカードがあります。

お財布の中には、カフェや居酒屋、書店、雑貨店などありとあらゆる店のポイントカードが入っているという人も多いでしょう。

でも、あなたが持っているポイントカードの中で、実際に最後まで貯められたことがあるカードはいくつありますか？

貯め切れないうちにカードを紛失したり、何枚も同じカードを作ったりしていませんか？

かつては、私の財布の中にもいつ作ったか覚えていないポイントカードが入っていました。せっかく買い物をするなら、ポイントカードを作って活用することが賢い消費者の象徴のように思えていたからです。

でも、思い切ってやめました。

クレジットカードの項でもお話したように、余計なものを詰め込んだ財布からは、お金は逃げていくものだからです。

少なくともしょっちゅう行くわけではない店のポイントカードを作るのはあまり意味がありませんし、期限付きポイントカードで財布を満たしている人は、不思議なぐらいお金に縁がなかったりします。

機会があれば、お金持ちや仕事のできる人の財布をそっとのぞいてみてください。例外なく、すっきりしているものですよ。


おまけも限定品もポイントカードも、賢明な人と結びついているように思えますが、実は逆です。

その商品が必要だから買うのではなく、おまけや限定品があるから買う。

お金を使う行為に満足感を覚えるから、ものを買う。

そういったお金に感謝しない、「お金を粗末にする行為」を繰り返しがちなのです。

ものを買うというのは、そのものに感謝し、その代価としてお金を払うこと。

感謝の気持ちのあらわれがお金なのです。

ですから、おまけや限定品に踊らされてお金を使うのでは、お金は喜びません。

お金に恵まれていないとか貯まらないという人は、こういったものに振り向かないことを徹底しましょう。

それが、お金に好かれる普遍の法則です。

お金に執着する人は お金に捨てられる

ビジネスの場に身を置いていると、お金に踊らされている人に出会います。損得勘定でしか人を見られない人、お金の顔を見ないと動かない人……。

お金が大切なのは誰でも同じ。でも、お金だけで動く人は、最後にはお金から捨てられる運命になるようです。

お金だけで物事を推し量ろうとすると、つまずくことが多くなります。つまらない儲け話に乗ってしまったり、ありもしない話を信じたり……。

お金があるうちは、人は大切に扱ってくれます。

しかし、「人の心はお金で動かせる」などと考えている人がお金を失えば、あっという間に孤立していくものなのです。時代の救世主とかカリスマと称された人でも

「すべてはお金次第」という感覚だった人は、今や見る影もありません。

お金を捨てなさい、すべてを人に施せとは言いません。

お金への異常な執着は、捨てるべきだということです。


「それいくら？」

「その仕事、儲かるの？」

こういう言葉が口ぐせの男性がいました。

彼は仕事を依頼されると、いつ、いくらもらえるのかを真っ先に聞きます。相手の事情は一切受け入れず、「先に払わなければ仕事をしない」と主張するのです。

「どうしてなの？」

私は気になって理由をたずねました。

「こんな時代でしょう。いつ会社が倒産するかわからないじゃないか。そうしたらお金をとれない。先にもらっておけば安心。当たり前のことでしょう？」

相手が誰もが知る会社や業績好調の会社だったとしても関係なしです。

「危機管理対策」と言えば聞こえがいいですが、私は「ちょっと違うな」と感じていました。そんな彼のもとに、ある団体から講演の依頼がきました。

名前を聞けば私だったら、絶対に遠慮するところです。彼の周囲の人もそろって「やめたほうがいい」と止めました。

しかし、相場の2倍という破格の講演料で先払い。移動はもちろんグリーン車で、宿泊先は高級旅館です。

彼はお金につられて引き受け、勇んで出かけました。そして、講演後に行われた懇親会で、その団体の幹部の人と写真に収まったのです。

数ヵ月後、その様子がある雑誌にのりました。

種明かしをしましょう。

彼の写真が、何かと問題のある販売方法で知られる団体の広告として、使われていたのです。ちょうど問題が表面化したころで、彼の評判はガタ落ちになりました。

周りが止めるのも無視して、お金に執着し、調べもせずに仕事を引き受けた代償は計り知れません。

「何でもお金、まずはお金ありき」で生きるスタンスでは信用や評判、友人や応援者……、大切なものを失ってしまうこともあるのです。

第4章

運を引き寄せる「外見」の作り方

「ダイエット」はネガティブな自分を捨てることで成功する

顔や肌や髪など、体の状態を見ると、その人の抱えている問題がわかります。「目は心の窓」と昔から言われるように、体はそのときの精神状態を怖いくらいに物語るからです。

急に太ってきたり、お腹周りや腰などが上半身に比べてアンバランスなくらいに脂肪がつく。やせているのに、お腹だけが出ている。

こんなときには、不平不満をお腹にためている場合が多いのです。

よくない考えを持っている人を「腹黒い人」、憤慨することを「腹立たしい」、本音を明かさないことを「腹にイチモツ持っている」という言い方をすることがありますが、まさにその言葉どおり。

負のエネルギーはお腹にたまるのです。

美しくなりたい一心で、あるいは健康を気づかってダイエットに励む人がいます。

ところが、食べたいものを我慢し、運動に励んでも一向に効果が出ないことがあります。

たとえ体はスリムになっても、顔がプクプクしていたり、手足がむくんでいたり、年齢以上に老けてみえ、疲れた感じを与えてしまう。

そんな人は、お腹の中にたまった不平不満が、美しさを求める気持ちや健康の邪魔をしているのです。

30代前半の私の姿が、まさにそうでした。

33歳のとき、28歳年上の会社経営者であった主人に嫁いだ私は、これで一生楽ができる、お金の心配のない生活ができると思いました。

主人の経営する会社は当時、開発した商品が大当たりしていましたから、「玉の輿」に乗れたと有頂天になったのです。

しかし、現実は……。

主人は末期がんに侵され、社員の不正行為のために、会社にあるべきお金がない。経験のない私が主人に代わって経営者についたものの、うまくいかないことばかりで、悶々とした日々を過ごしていました。

食欲がわくはずもなく、生きるために仕方なく食事をするような生活だったのです。体重はみるみる落ちて、結婚前48キロだった体重は39キロになっていました。目は落ちくぼみ、髪の毛は抜け落ち、肌はかさつき、精気のないのが見てとれました。上半身はやせているのに、お腹がぽっこり。お尻から太ももにかけては、別人のようにだぶだぶしていました。

異常なのは、体ばかりではありません。やたらイライラしていて周囲の人にあたり、うまくいかない現実を認めようとしないで人のせいにする私だったのです。

不平不満の感情は負のエネルギーとなって、お腹の中に充満します。いらだちやストレスが満ちると、体に変調をきたします。

心の状態がネガティブなのに、何も現実的な対処をしないで人のせいにしたり、逃げてばかりいては、イヤな太り方をしてしまいます。

そのことに気づいてから、私は「～のせい」という言葉を封印しました。人のせいにすることも、環境のせいにすることもやめました。

辛いときほど笑い、毎日、2回は自分をほめる。

ネガティブな感情を、残らず体から押し出して捨ててしまおうと決めたのです。すると、心が軽くなって表情が豊かになって、体調がよくなり普通の体型に戻れたのです。

あなたの周りにいる、仕事もプライベートもうまくいっている輝いている人を見てください。そういう人は、間違いなく軽やかで姿勢がよくて笑顔の素敵な人です。ダイエットに熱心にならなくても、美しい体型を維持し、表情もいきいきしています。いつもポジティブな心で満たされていると、心身ともにいい状態がキープできると私は信じています。

何度もダイエットに失敗する、リバウンドしてしまうという人は、自分の内面と向き合っていないのではありませんか？

ダイエットの成功には、心の問題が大きく関わっているのです。

身につけていいもの、ダメなもの

あるものをいただいてから、不思議といいことが起こる。

逆に、大切な人からいただいたものなのに、手元にきてからよくないことがある。

そんな経験をしたことはありませんか？

俗に言う「ゲンがいいもの」「ゲンが悪いもの」です。


こういった現象を気のせいとか気の持ちようだと言う人もいます。

確かに、そういう部分もあるでしょう。悪いことが起きるのではないか、また失敗するのではないかと憶病になっていると、ミスをしがちなのは事実。失敗した姿しかイメージできず、その結果、本当に失敗してしまうのです。

自分の中にすみついているネガティブな考えを捨てなければ前に進めない。これは本当です。

そして、不思議なことに、「ゲンが悪いもの」を手放したとたん、その人の心にすみついていたネガティブな考えまで捨てることができ、その空いたところが「受け皿」となって「いい気」が流れ込み、運が上向くことがあるのです。

以前、友人からあるものを手渡されたとき、私は「触れたくない」といった抵抗感を覚えたことがありました。それは、惚れ惚れするような緑色の輝きを放つ、素敵なデザインのエメラルドの指輪でした。

その方の亡くなられたお母様が若いころに手に入れたもので、「自分には不釣合いだから手放したい」と私に相談してきたのです。相場よりもはるかに安く、デザインも色も素晴しい。今では手に入れることがとうていできない大きさで、普段の私でしたら、「なんとしてもほしい」と思うはずです。

しかし、私は「目の前から消してほしい！」と思うほど強い抵抗感を覚えました。

結局、その指輪は別の女性が購入したのですが……。手に渡ってほどなく、彼女は大きな負債を抱え破産してしまったのです。

これをただの偶然と片付けるのか、指輪が関係していると考えるかは、人それぞれでしょう。

しかし、ものには「残留思念」といって、そのものに対して強い思いや念、執着心を持った人から渡ってきた場合には、それを受け取った人の心やエネルギーを乱す力があると言われています。

そして、自分がポジティブでいるときには、「抵抗感」を覚えて受け付けないですみますが、ネガティブな状態のときにはこういったものを引き寄せがちなのです。

逆に言えば、ネガティブな状態のときにはいわくつきのものや、重要なものは手に入れないようにすればいいのです。

私は運が悪そうな人や失敗続きの人からものを譲り受けることは絶対にしません。

それが大きな利益を生み出すとわかっているビジネスであっても、です。

倒産した会社から、二束三文で上質な商品を持ちこまれることがあります。申し訳ないのですが、相手が「残念です」「大切に作ってきたのに」とおっしゃっても、お断りしています。

わかりますよね。

ものに対する強い感情や執着がありありで、悲しみや嘆きなどが強烈に染み付いている可能性が高いですから、もし受け取れば、よほどポジティブな人でも影響を受けるからです。

ゲンのいいものとは、**触ったときに「心の底から温かくなるもの」「安心感が沸くもの」**です。**見たとたんに優しい気持ちになるもの**も、そうです。

いつも幸せそうな人や元気な人、明るい人からは、喜んでいただきますが、どんなに素敵な服でもリサイクルショップの商品や中古品には手を出しません。

素性がわからないものには手を出さないのも、運をよくする秘訣です。

もし、あなたがゲンの悪いものや抵抗感を覚えるものを持っているとしたら、この際、捨ててしまいましょう。

自分の中にあるモヤモヤや心配は、案外そのものが原因だったりします。

あなたの価値を下げる「ファッション」は捨てなさい

俗に「勝負服」と、言われるものがあります。

その服を着ると気後れしなくなる、運気が上がってあらゆる局面に打ち勝つ服を意味しますが、それらは高い服というわけではありません。

私の経験をお話ししますね。

私は30代後半から、資格試験の勉強を猛然とはじめました。英語や宅建、行政書士、口頭試問の出来で最終的な合否が決まる試験も経験してきました。

一年に一度しかない国家試験では、一点が命取りになって合否が決まります。

一点が取れないために、翌年も受験する人もいれば、まぐれでとれた一点のおかげで合格し、すぐに仕事に役立てられる人もいます。

気持ちのありようが、合否を決めるのです。

私は、そうした究極の場に臨むときには、自分の気持ちを明るくしてくれる服や顔映りのいい服を選んで着ていました。

それが私の「勝負服」だからです。

そのおかげもあって、**すべての試験を一回で合格できた**のです。

勝負をかける場だからと「おろしたての服」を着たり、クローゼットにしまいこんであった「よそ行きの服」を持ち出して着ていた人もいましたが、これでは緊張したり、いつもの調子が出なかったりと、いいことがありません。

これでは「勝負服」になりませんよね。

こんなふうに考えると、**たった一着の服が自分の運を左右するものだ**ということがわかってきます。裏を返せば、運気を下げる服は買わない、買ってしまったことに気がついたら、さっさと捨てることをおすすめします

心の憂さをショッピングで晴らそうとして衝動買いした服や、元気のないときに何となく買ってしまった服はあなたの価値を下げるばかり。店員さんからすすめられる

ままに買ってしまった服や、きゅうくつでやっとの思いで着る服、昔の思い出がよみがえってくる服、あまり好きではない色やデザインだけれど、なんとなく買ってしまった服、ただなんとなく手元にある服……。こうした服を着ても、気持ちが盛り上がらないのは当然です。

また私は、アウトレットショップやリサイクルショップで販売されている傷物やB級商品は、どんなにお買い得でも購入しません。

いざという場でそんな服を着ていたら、気が引けて惨めな気持ちになるからです。

私は努めて**明るい色**を着ています。見た瞬間や袖を通した瞬間にワクワクしたり、ほっとする気持ちになれる服を選びます。

それが私の習慣です。

服は、私たちの気持ちや表情やしぐさに影響を及ぼすカギです。

顔色を冴えさせ、着ていると笑顔になる服や背筋が伸びる服、華やかな印象をかもし出す服は、間違いなく似合う服であって、あなたの価値を高めます。

「服なんてたいした影響を及ぼさない」というあなたは、晴れの日に着た服や嬉しいときに買った服を思い出してください。入学式に着たお気に入りのブレザーや、社会人になって始めての給料で買ったスーツ。それらを着たあなたの表情は晴れやかで、しぐさもどこか自信に満ちたものではなかったでしょうか。

高い服だからいい、安い服はダメだと言っているのではありません。

たとえ、予算を上回るものでも、着ることでテンションが上がり、将来の夢や目標が叶えられるような気持ちの高ぶりがあるようなときは思い切って買うべきですし、誰かが着ていて素敵だったとか、流行しているから、ブランド品だからといった理由だけで、服を買うのはやめるべきなのです。

運の悪い服は捨て、運のいい服を着ましょう。

上質なものからは
上質なエネルギーが生み出される

「物持ちがいい」と言われる人がいます。

ものを大切に長く使う（持ち続ける）という意味で、一般にほめ言葉として使われています。

でも、「どれだけ自分にとって価値があるか？」という選択眼ではなく、「もったいないから」「せっかくいただいたのだから」「なかなか手に入らないものだから」などという考えで長々と抱え込んでいるとしたら、要注意。

運を下げる典型的な行動パターンだからです。

たとえば、あなたは自宅に数年前の雑誌、クッキーの空き箱、包装紙、リボンなど、「もったいない」でためこみすぎてはいませんか？

ビジネスの場でも、「物持ちのよさ」を勘違いしている人を見かけます。くたびれている名刺入れや財布などを持つ人です。

長年使い慣れたものは、手になじんで使い心地もよく、手放しがたいもの。でも、本人は見慣れているのでなかなか気づきませんが、他人にはひどくみすぼらしく見えてしまうのです。

スーツ姿が決まっていても、名刺入れがくたびれていては、「この人、仕事ができるのかな?」と思いますし、そこからその人の生活を想像してしまいます。

ビジネスの場での人の目は厳しいのです。

また、くたびれているものを平気で持ち歩く人は、注意が散漫になっていて、やる気が感じられません。

愛着のあるものは、思い入れもあるでしょうが、見た目で損をすることのほうがよほど「もったいない」のです。

以前、私の会社がスポンサーになって雑誌に広告を出すことになりました。カラーの4ページ広告で、費用も相当なものです。

どこの代理店にお願いすれば、訴求効果が高く、費用対効果が上がるのか、いろいろと思案しました。

何社かの営業マンの方と打ち合わせをしたのですが、ひとり、名刺入れがひどく痛んでいる方がいました。大手の広告代理店の方で、それなりのポストの方です。言葉づかいも丁寧ですし、その会社の実績は誰もが認めるものですが、私は経験上、その方の仕事に対する姿勢を疑わざるを得ませんでした。

結局、お断りしました。

洋服はもちろん、名刺入れや手帳、ボールペンなど、人の目に触れるものには細心の注意を払いましょう。営業や接客の仕事をしているのなら、なおさらです。

傷んでいる名刺入れを見て、「それだけ必死に働いているのだ」と好意的に取る人はまれでしょうし、いただき物の会社の名前入りの手帳やロゴ入りのボールペンを使う人を「仕事ができる人」と想像する人はあまりいないのですから。

自分の身の周りのものこそ、贅沢なものを持ちましょう。

それを手入れして大切に使い、くたびれる前に処分するのです。

運のいい、本物の物持ちのいい人とは、そういう人です。

あなたの身の周りのものをチェックしてみてください。

傷んだもの、汚れているものを平気で持ち歩いてはいませんか?

そうしたものはエネルギーに欠けているばかりか、あなたのエネルギーを奪っていくものでもあるのです。

すぐに捨てて、上質なものに切り替えましょう。

上質なものからは、上質なエネルギーが生み出されることを知ってください。

迷いや悩みが消えていく薄着のパワー

私は常々疑問を持っていました。

仕事でミスした、上司から叱責を受けた、家族とのトラブルを抱えている、うまくいかないことばかりでいらいらしている……そういったストレスを抱えている人は、山ほどいます。

それでも何事もないように黙々と仕事をこなし、ストレスを跳ね除けるような素晴らしい成果を出す人と、ストレスに負けてしまう人がいます。

それは一体なぜなのか？

年齢も、職歴も、体型も、今就いている仕事もほぼ同じなのに、ストレスに強くビジネス社会をすいすい生き抜ける人と、悩みや迷いを抱え込みもがき苦しんでいる人の差はどこから生まれるのか？

私はストレスに強い人には共通する何かがあるのではないかと、調べ始めました。するると、「薄着の習慣」が浮かび上がってきたのです。

知り合いのEさん兄弟は、兄弟で美容室をチェーン展開する会社を経営しています。

体型もよく似ていて一歳しか違いませんが、兄が豪快なタイプなのに対し、弟はさいなミスにいつまでもとらわれる気の弱い印象がぬぐえないタイプ。苦手な取引先に会う前には、緊張感から食事ものどを通らないと言います。

二人は、事情があって別々の場所で育ちました。

兄は「薄着が健康にいい」という母の考えで、子供の頃は冬前まで半そで、半ズボン姿。その習慣から、20代になっても仕事が休みの日は素足にサンダル。40代になった今でも、真冬もコートを着ないのが習慣なのです。

一方、弟は祖母のもとで子供時代を過ごしました。預かった子だから大切に育てなければいけない、風邪を引かせてはいけないと、ほかの子供よりもいつも一枚多く洋服を着せ、下着も厚手のものを着用させていたそうです。

この兄弟の場合、薄着で育てられた兄は血管をきちんと鍛えているので「ホメオスタシス（生体恒常性）」の働きが円滑で、ストレスを跳ね除ける力が強いのに対し、弟は過保護に育てられたため、ストレスに弱いのでしょう。

彼らに限らず、育て方の違いが、ストレスに強い人とそうでない人を作ることがあるといわれています。

ホメオスタシスというのは、自らの体を環境に適応させ、安定させるための機能で、生命活動を支えているものです。

たとえば、暑い日には汗をかくことで体温を下げ、寒い日には自律神経が反応して血管が収縮し、熱が発散するのを防ぎます。

つまり、体に何らかの変化が生じたとき、それを元に戻し、一定状態に保とうとするのです。

このホメオスタシスのシステムを狂わす最大の要因が「ストレス」です。

ストレスにさらされると、自律神経系をつかさどる交感神経系（刺激に応じて身体機能を働かせる命令を出す）と副交感神経系（身体機能を元の穏やかな状態に戻そうとする）のバランスが崩れ、ストレスに対する防御力が限界を超えてしまったり、免疫系の働きが弱まったり。

体の不調を生んでいくのです。


実際、私の周囲にいる精神的にタフな人には薄着の習慣を持つ人が多いのです。

真冬でも、コートなしのスーツ姿で元気に動き回る。

年間を通して薄着で過ごし、素足を好む。

体調を考慮しつつですが、冷水摩擦や乾布摩擦を行っている人もいます。


薄着は鍛錬の中でも、一番とりかかりやすく時間もとらないので、習慣として定着しやすいと思います。つい体の鍛錬として考えがちですが、悩みや迷いを吹き飛ばす「精神面の強化」としても優れているのです。

一枚脱ぎ捨てる習慣が「ストレスに負けないあなた」をつくる。

経験則ですが、断言します。

もちろん、私もできる限り薄着を心がけています。

第5章

運がいい人は知っている「人付き合い」のコツ

「人を捨てる」ということ

これまで、抵抗感のあるものや考え方を捨てることで、輝かしい未来を築くことができるとお話ししてきました。捨て方として、ゴミに出す、リサイクルする、考え方をリセットする、その場から離れるなどのさまざまな方法を示してきましたが、どんなものであっても「自分の身の周りからなくす」という観点は同じです。

私たちの生活にかかわるものは、どんなものであっても、処分ができます。

しかし、なかなか捨てられないのが「人」です。

人はもっとも捨てにくいものです。それでも、「感謝しながら捨てること」を覚えないとあなたは成長しません。本当に大切な人まで見失ってしまいます。

人間関係の悩みの多くは、必要以上に付き合いを広げてしまうことから起こります。

広ければ広いほどいいと言う人もいますが、かかわる人が多ければ問題も多くなります。

それに、私の知る限り、自分自身に満足している人ほど、案外付き合っている人が少ないものです。「濃い付き合いをしている」と言っていいでしょう。

彼らは、お互いのエネルギーを高揚させる付き合いをしているのです。

人を捨てることは、人生において避けられない試練です。

「あの人はトラブルメーカーだから」「価値観が合わないから」、その他、さまざまな理由で人を捨てなければいけないときがあります。

それはひと言で言えば、あなたが相手のステージと合わなくなったとき。

あなたが成長しようとしているのに、相手はそのままだったり、方向が違ってきたりというように、歩調が合わなくなったときです。

そんなときは、心の中で「今まで学ばせてくれてありがとう」と、相手に敬意を表して、接触を絶ちましょう。

今まで積極的に連絡をとっていたあなたなら、自分からは連絡をしない。

相手から連絡があっても、2回に1回は「忙しいので」「仕事に追われているので」と断りを入れる。

そうしているうちに、だんだんと付き合いが途絶えていくものです。

また、今付き合っている人だけでなく、過去の付き合いの思い出をきれいに捨てることも大切です。

嫌な人との出会いで傷ついた過去があっても、後悔するのではなく事実を認め、感謝しましょう。

「冗談じゃない」「何で嫌な人に感謝しなければいけないのか」と思うかもしれませんが、そうやって感謝することで、嫌な過去も浄化されるのです。

そして、気づくはずです。

いろいろなことがあったからこそ、今の自分がいる。成長できたのだと。

人とかかわるからこそ、自分の欠点や課題がわかるのです。自分がどういった付き合いを望んでいるのか、人とうまくやっていくのはどうしたらいいのかが。

物事がうまくいくのもいかないのも、人間関係がかかわっています。

そして、人間関係のわずらわしさや誤解やいざこざを学んでいくことで、はじめて人を見る目ができてくるのです。

人は経験を通してしか学べません。

経験が人を成長させるのです。

付き合う人を選ぶことで自分を大切にし、人も大切にしないと幸せにはなれないこと、人付き合いはどうするのがいいのかということも見えてきます。

人と付き合うことは、本当の自分と向き合うこと。

厳しいようですが、「いい人と出会えない」とか「人に恵まれない」と他人のせいにする人は、そこがわかっていない人です。

人付き合いの意味を改めて考えてみましょう。

腐れ縁を捨てて
憧れの人を見つける

「腐れ縁」とはよくぞ言ったもので、縁そのものは腐っているが、かろうじてつながっている。誰にでもそんな人が一人や二人はいるものです。

つながっている理由に「メンツ」や「体裁」をあげる人もいますが、ほとんどの場合たいした理由はないのです。付き合いをやめることで相手がどう思うかを考えてしまうか、自分が嫌われたくないからでしょう。

しかし、こうした腐れ縁が何本もつながっているのは、あなた自身が優柔不断な人であることの証。

そんなあなたでは、付き合うべき価値ある人にも巡り合えず、出会ったとしても縁がつながりません。

腐れ縁が捨てられないい、優柔不断な性格に嫌気がさしているのなら、まず直ちに自分にとって憧れの人や、尊敬できる人を見つけてください。

身近で見つけられなければ、感動したビジネス書の著者でもいいですし、有名な経営者やスポーツ選手、歴史上の偉人でもかまいません。

この人の生き方に共感できる！　こんな人生を歩んでみたい！　そんなふうに思える人を探しましょう。そして、その考え方や行動を学び、マネをするのです。

憧れの人が近くにいるのならば、話し方やファッション、読んでいる本や興味のあることなども、その人から吸収するといいでしょう。

私も「こうなりたい」という師匠を勝手に選んで、その師匠たちを目指し、多くを学んできました（私は「勝手に師匠の法則」と呼んでいます）。

面識のある方ばかりではなく、手の届かないような方も師匠に決め、その方のセミナーに通い、本を読み、あるいは直接会う機会を得ようと走りまわり、貪欲にマネをしてきたのです。

もちろん簡単なことではありません。最初は「私には荷が重すぎる」「ちょっと無理かな……」と、くじけそうにもなりました。

しかし、続けるうちに、マネも自分のものとして板についてくるのです。

こうなればしめたもの。

私自身が憧れの人に限りなく近づいたということ。「本物」になってくるのです。


そして……。

あなたも優柔不断な自分と決別できるはずです。

腐れ縁のために、もう大切な時間を無駄にすることはなくなり、かわりに憧れの人や尊敬できる人に学び、自分を磨く時間を手にします。どれだけ人生にプラスになるかわかりません。

もちろん、憧れの人を見極める目も必要になってきます。「○○のカリスマ」が「カリスマもどき」にすぎないこともありますし、素晴しいとは何かがわからないままでは、素晴しい価値観を持つ人とも出会えなくて当然ですから。

そのためには、いろいろな人の意見に耳を傾け、いろいろなものを見て、見聞を広めましょう。

あなたを輝かせる「デビル」の存在

人とかかわることは、自分のエネルギーを放出することです。

ですから、体力も気力もいります。

仕事でたくさんの人と会った日には、心身ともに疲れきって、逆に神経が高ぶり眠れないことがありませんか？

そんなときに、お酒に頼ったり、深夜遅くまでテレビを見たりしていると、ますますエネルギーをダウンさせてしまいます。

また、そういうときにはネガティブになり、何をするのもおっくうになって、冷静な判断ができないことがあります。ラクなほうへラクなほうへと、考えや行動が向いてしまうのです。

こういったときに出会う人には、注意が必要です。

こんな場合を考えてみましょう。

ここに、あなたよりもレベルの高い人と、自分と同じくらいのレベルの人、少し下のレベルの人がいます。ただし、ここでいうレベルが高い人とは、お金を持っているとか、地位が高いとか上辺のことではありません。

常識や品格や物事の考え方、行動力などをあなたが尊敬できる人という意味です。

こうした三種類の人がいたとき、付き合うのにラクなのは、自分と同じくらいのレベルの人でしょう。

また違和感は覚えても、あなたを持ち上げてくれ、優越感を味わえるのは、自分よりも下のレベルの人だと思います。

こうした人たちの付き合いは、仲間意識があって気を使うこともなく、楽しいものかもしれません。

特に、エネルギーがダウンしているときには、あなたを癒してくれる「エンジェル」に思えるかもしれませんね。

しかし、ここに大きな落とし穴があります。

ラクな中に身をおくと、やる気がどんどん失われ、エンジェルだと思っていた人たちからも「やる気のない人」「尊敬できない人」と、蔑まれるようになります。

形勢が逆転し、あなたの居場所はもはやそこにもない状態に。

自分の居場所を確保しようとするならば、さらにレベルを下げなければいけません。

そしてまた……。

ラクな自分やラクな時間を望むと、どんどん堕落していってしまう。

エンジェルだと思っていた人は、あなたのやる気をそぐデビルでもあるのです。

あなたに思い当たることがあるのなら、人間関係のありようを見直すことをおすすめします。

疲れているときほど、自分よりレベルの高い人と付き合うことを意識しましょう。

レベルの高い人との付き合いは、最初のうちは気をつかって大変かもしれません。

こんなことをしたら、嫌われるのではないか？　どんなことを話したらいいのか？

いろいろ考えて、会うたびに緊張します。相手は普通にあなたに接していても「冷たい」とか「息苦しい」と感じるときもあるでしょう。

でも実はこの緊張感が、あなたにいい影響を与えるのです。

やがて、自分にはなかった新たな力が湧いてくることを感じるはずです。


私は、仕事に行き詰まりを感じたり、怠け心が出てくるときには、意識してレベルの高い尊敬できる人に接し、教えを受けてきました。

挨拶することさえ恐縮する人たちです。中には大物すぎて、怖くて目を合わせることができず、最初は「デビル」にしか見えない人もいました。

しかし、その人たちの見識や立ち振る舞いを素直に学び、接しているうちに、怠惰な自分とは決別していることに気がつきました。

新たな輝きを求めるために、私はそういう道を選んできたのです。


ラクな自分を文句なく受け入れてくれる「エンジェル」よりも、緊張感を持って接しなければいけない「デビル」のほうが、あなたに輝きをもたらす「本物のエンジェル」なのです。

ラクな自分を捨てれば、この違いが見えてきます。

「つまらない相手」に大切な人生を邪魔されないために

誰でも、人の目は気になるものです。

適度な緊張感は人を成長させせますが、「人に嫌われたくない」「相手に嫌な思いをさせるくらいなら、自分が〝いい人〟になって我慢しよう」などと考えるのは、二度と帰ってこない大切な時間を無駄にしているのと同じ。

人生の無駄遣いです。

そういう私も、かつては典型的な八方美人でした。

人の目が気になり、評判が気になって、自分の考えを押し殺してまで人に合わせて付きあっていたこともありました。

「なぜ自分を出せないのか？」「素直に自分をさらけだして、相手のふところに飛び込んでいけないのか？」と、格好をつけている自分が嫌でたまらなかった時期もありました。

特に初対面の人と会ったあとには、決まって自己嫌悪です。

八方美人の自分が大嫌いだったのです。

そんなとき、ある方の言葉で目が覚めました。

「誰からも好かれようとすると、大切な人を失くしてしまいますよ」

そして、こうも教えてくれました。

「人に嫌われるのが怖いときには、その人が自分にとってどれほどの価値がある人か考えてみたらいい」

損得勘定で付き合おうと、言うのではありません。

お金や地位は関係なく、その人と付き合うことで自分が成長できると考えられる人。

それが付き合う価値のある人です。

当時、私には苦手な女性がいました。

私の仕事のやり方を何かにつけて批判するので、心の中で「クレーマーさん」と呼んでいたほどです。

仕事で始終顔を合わせるので、距離を置くのが難しく、彼女に会うことを考えるとゆううつで仕方ありませんでした。

ところが、そんな私の苦手意識を知ってか知らずか、彼女の発言はどんどんエスカレートしていったのです。

その時、考えました。

「彼女は、私にとって価値のある人ではない」

「彼女にクレームを言われたところで、私の人生にたいした影響なんてないはず」

彼女に限らず、価値を感じない人に何を言われようと、人生に影を落とすことなどないのです。

むしろ、つまらない相手に振り回される毎日を捨てることで、未来が切り開けるのです。

成長の糧にならない人との時間を捨ててみると、出会いたい人が見えてくるもの。

私は何度もその感覚を経験しました。

元々、八方美人の私ですから、「ダメ」「いや」「ノー」という言葉を言いたくても言えない気持ちはよくわかります。

しかし、その態度が自分を追い詰めるのです。

あなたの弱々しさや申し訳ないといったそぶりが、周囲の人に都合のいいように扱われるもとになるのです。

「あいつなら言うことを聞く」

「面倒なことはあの人に頼めばいい」

そんなふうに見くびられ、挙句の果てに「ちょっと脅かせば、何とかなる」と、とんでもない事態に巻き込まれる可能性だってあるのです。

「八方美人」は捨て、断る勇気を持ちましょう。

それも、堂々と宣言することです。

人は堂々とした振る舞いの人に、無理難題を押し付けたり、批判を浴びせたりはしません。無駄だと思うからです。

意地悪なことや悪口を言う人は、言うこと自体よりも、相手の反応が面白いから言うのです。

ですから、必要以上に気をつかい、悪く言われることを恐れることはないのです。「つまらない人」を捨てることで、確実に運の流れが変わって快適な毎日が得られます。

もっと自分を大切にしましょう。

人を捨てられないのは
AとMがあるから

捨てるということは、ものをゴミに変える行為ではありません。何も考えずに、手当たりしだいに始末することでもありません。ものであろうと人であろうと、悩みながら選択していくことで、自分にとって必要なものが何なのか、どれだけのものとかかわれば快適なのかを理解することなのです。

子供の頃、こんな経験をしたことはありませんか?

大切にしているおもちゃを、友達が「ちょっと貸して」と触ろうとすると、絶対に触らせない。独占したい。それでも友達が触ろうとすると、泣いて抵抗する……。

成長するにつれて自制心が芽生えると、そこまでの行動はとりませんが、一度手に入れたものは自分のもの。人手に渡ったり、失うときには自分の身を切られるような思いがするものです。

一度手にしたものは捨てられない。それが人間です。

でも、世の中には、自分は物欲がないと言う人がいます。

「私は贅沢が嫌いです」

「あるもので暮らすのをモットーにしています」

少ないもので暮らす。あるものを利用して無駄なものを買わない。どうしてもほしいときには、リサイクル品を利用したり、誰かに借りる。

いわゆる「節約生活」を実践している人たちです。無駄をなくして暮らすのは、地球に優しく、お財布にも優しい。

こういう人は、一見、所有欲が薄いように思えます。

ところが、そういう人でも「人に対する所有欲」は捨てられるものではありません。それどころか、ものにこだわらない分、人への執着が強かったりします。

「節約」は、物欲を無理やり否定しているようなところがあって、私たちの本性とは相反する行為です。

そして物欲を我慢すればするほど、人を頼りにしたい、自分に振り向いてほしい、いつまでも自分とかかわってほしいという気持ちが高まってしまうことが多いのです。

こういう人には、「その人はあなたの役に立つのですか？」と、自分に問いかけることをおすすめします。

本来、人を役に立つか立たないかで選別するのは、いいことではありません。

しかし、物欲がないという人は「もったいない」という意識が強く、それが無用な人、たとえば害を及ぼすだけの人さえ、捨てられない原因になっていがちなのです。

節約心の強い人は、往々にしてAMが強い人です。

AはAFECTION（愛着）、MはMEMORY（思い出）の意味です。

所有するものが少ないから、物欲を押さえているからこそ、一つのものに愛情を注ぎ、ものにまつわる思い出を捨てられない。

人に置き換えれば、人への思い入れが強く、過去の思い出にしがみつく。

今は「嫌だな」と感じる人でも、以前は「こんなにいいことがあった」と、思い出の中で生きている場合もあります。

しかし、「嫌だな」と思っている人が身近にいると、自分では気づかないうちにいつの間にかマイナスの影響を受けているものです。

いつも会う人でなくても、普段は意識しない人であっても、「あの人は嫌だな」ということを心は覚えているのです。

そのため、潜在意識にあるだけで、何となくマイナスの影響を受けてしまいます。

度が過ぎた「愛着」は「執着」になります。

思い出も「過去の産物」にほかなりません。

愛着と思い出いっぱいの中で生きている人は、自分を変えるのが怖いのです。

愛着と思い出を処分しましょう。好きではない人を捨てていくと、好きな人だけになります。

好きな人に囲まれていると、幸せな時間が過ごせ、あなたの未来も輝くのです。

人付き合いにも走りや盛りがある

食べ物に走りや旬があるように、人付き合いにも「走り」や「旬」があります。旬とは、野菜や果物、魚介類など、食べ物がもっとも美味しく、栄養価がいちばん高い時期です。

人付き合いにたとえれば、「旬」とはお互いが素直に心を開き理解し合って、刺激を受け合う時期。最も価値ある時間を過ごせる時期でしょう。

一方、「走り」は食べ物が出始めた時期。初物《はつもの》とも言われ、まだ市場に出回る数が少ないので価格も高めです。

人付き合いでは、初対面でお互いを探っている頃と言えます。興味をもって相手に接するものの、自分の欠点や苦手なことまではさらけ出さない。遠慮やよそよそしさがあります。

しかし、尊敬できる人や価値ある人と親しくなるには、自分から心を開いていていかなければなりません。相手が大物だから、地位の高い人だからと、よろいを着ていてはいつまでたっても相手にとっては「その他大勢のうちの一人」のまま。名前すら覚えてもらえないかもしれません。

実は、**人付き合いでもっとも大切にしなければいけないのが、この「走り」の時期**。この時期の接し方次第で、次のステップ（旬、盛り）に進めるかどうかが決まるからです。

「走り」の時期を上手に過ごすポイントは、人を喜ばせる自己満足を大いにすることにあります。

「○○さんのために働くことは、こんなに気持ちがいいんだ」
「たいしたことをしていないのに、○○さんはこんなに喜んでくれた」
相手が喜んでくれることなら、どんなにささいなことでも率先してやる。
「人が感謝してくれることに生きがいを感じる」
「人のために働く自分を誇りに思う」

そう考えるのです。

自己満足の世界と言う人もいるかもしれませんが、こういう気持ちのある人とない人とでは、傍から見ていて全く格の違う人間に思えるもの。

たいていの人は、好きな人や身近な人の役に立てたことで満足してしまうのですから、人間の器に違いができて当然なのです。

私は、「走り」の時期には「よくやるね」「点数稼ぎじゃないの?」などと、嫌味を言われてもかまいません。誰が何と言おうと、その人を喜ばせることに全精力を傾けます。

かつて、どうしても友達になりたい方がいました。人柄や仕事ぶり、立ち居振る舞い、品格、どれをとっても憧れる尊敬できる男性です。

その方に喜んでほしい、そのために何をしたらいいのか……? 名刺を交換し、挨拶を交わすぐらいの付き合いでしたが、私は真剣に考えました。

そして、その方が腰痛で悩んでいることを知り、腰痛を緩和する方法や名医などを調べ、さりげなくお伝えしたのです。中でも彼は、予約がなかなか取れないマッサージの先生に関心を示しました。

私は人を介してその先生の予約を取り、彼は定期的にマッサージを受けることになりました。

結果、10年来の彼の腰痛は解消されたのです。

これがきっかけとなって、彼と親しくなることができました。

「走り」で相手の心をがっちりとつかんだら、濃密な付き合いができるようになります。憧れていた人や尊敬できる大物たちとの付き合いも生まれるでしょう。

あなたにとってキーマンになる人や師と仰ぐ人、将来に渡ってお付き合いできる人も見つかると思います。

要は、「徹底してあなたが行動できるかどうか」です。それによって、お互いに理解し合い、刺激し合える「旬」「盛り」を迎えられるかが決まります。

そして、「走り」の時期にしても「旬」の時期にしても、**要は「人の役に立ちながら、自分のため」と思えることがコツ**です。

人の役に立つことは、決して自分を犠牲にすることではありません。

同時に自分を成長させることができる、つまり「自分のため」になるのです。

また、仕事であれボランティアであれ、「自分が楽しいから」「自分が学べるから」など、「自分のため」という発想を持つことは、行動するエネルギーになります。


周囲の人に応援されながら、幸福になる。

人付き合いの「旬」や「盛り」は、これからあなたが未来に渡って満足のできる人生を歩めるかどうかのキーになる大切な時期です。

人付き合いは、何回も顔を合わせれば、それだけで親近感がわいてうまくいくものではありません。親しくなる努力が必要なのです。

そして仲良くなればなっただけ、やらなければいけないこと——「相手のため＝自分のため」という原則に基づいて考え、行動する必要——があるのです。それができれば、「旬」の付き合いはずっと続きます。

相手に依存したり、気を抜いたりしたがために、付き合いの最盛期を過ぎて、腐れ縁にしてしまわないように気をつけてください。

1日1回の魔法の質問で後ろ向きの人付き合いを捨てる

これまでに本書で紹介してきた考え方や行動を実行することで、あなたには少しずつ自信や信頼が生まれてきたと思います。

しかし、いらないものを振り捨て、本当に自分が変わるまでには少なからず時間がかかります。思うとおりにいかなかったり、トラブルに見舞われて、それまでの自信が音を立てて崩れていくこともあるかもしれません。

そんなとき、

「成功しようなんて考えるのは無理だった」

「しょせん夢物語なんだ……」

と、あきらめる必要なんてもう、ありません。

へこたれそうになっても、何度も立ち上がって自分を鼓舞し、思うとおりの人生を目指すことができます。

そういう強さを、あなたはすでに持っているのです。

しかし、どうしてもパワーがわいてこないときには、**自分なりの特別メニューを実行する**ことをおすすめします。


人は、いったん大きく落ち込むと、元に戻るのに時間がかかり、前に進むこと自体をあきらめてしまうことが多いもの。中でも人間関係のトラブルに見舞われると、相手の気持ちを察したり、自分との関係を悶々と問い直したり。

何が解決策なのか、答えが出ないままに時間ばかり過ぎて、うまくいっていた物事にまで影響を及ぼし始めます。

ですから、うまくいかないと感じたときには早めに解決し、パワーを取り戻すことが大切なのです。

これから紹介する方法は、私が10年以上習慣にしているもので、簡単にできてすぐに前に進むパワーがわき起こる方法です。

その方法とは、1日1回、寝る前にその日に出会った人の顔を思い浮かべながら、自分に次の質問を投げかけるのです。

①自分は、○○さんに何をしてあげたのか？
②○○さんは、自分に何をしてくれたのか？
③そのとき、自分はどう感じたのか？

こう自問すると、不思議なほど相手との関係を冷静に見つめることができますし、ストレスをためこむこともありません。

嫌だと思っている相手であっても、自分には意外な恩恵をもたらしてくれていること、それに比べて自分は相手が喜ぶことを何もしていないこと、好きな相手や親しい相手だからと甘えていることや、相手を思いやる気持ちが欠けていたことなどがわかるからです。

人間関係のトラブルは、相手が原因というよりも自分が作り出したものが多いこともわかるでしょう。

寝る前の自問習慣は、自分の行動を冷静に見つめるためだけでなく、**トラブルを未然に防ぐため**でもあるのです。


そうして導き出された答えに沿って、これからの付き合い方を考えます。

ただし、いつまでも「私が悪かった」「なんて私は気が利かない人間なんだろう」と自分を責めることはしません。自問習慣は、自分が同じ場所をグルグル回っているだけの「自己嫌悪の儀式」ではないのです。

「こんなにがんばっているのに、前には少しも進んでいない」と思うことは、モチベーションを下げてしまうことにもつながります。

「成長するための儀式」なのです。

ですから、**プラスの意味づけ**をします。

「早いうちにわかってよかった。もっと後になっていたら、大きな問題になっていた」

「私がうまく相手に接することができなかったのは、今は付き合いをやめておきなさいということかもしれない」

これが大切なのです。

望まない出来事が起こったとしても、プラスの受け止め方をするクセがつくと、毎日が楽しくなってきます。

世の中で成功している人は、必ずと言っていいほど、物事のいい面を見ようとしているものです。

自問はトラブルを防ぎ、自分を勇気づける「魔法の質問」です。

ただし、1問3分以内にしてください。

堂々巡りをしてどうしても答えが出なかったら、**「心配しなくても大丈夫、うまくいっている」**と、プラスの意味づけをしましょう。

暗い考えはさっさと捨て、寝る前には笑顔の自分でいること。

そうしてあなたの心はポジティブになって、やがて確実にいいことが起こります。

おわりに
――できる人は「捨てどき」を知っている

あなたは、今の自分や生活に100%満足していますか？

「YES」と胸を晴れる人は、あまりいないのではないでしょうか。

でも、それは何も悪いことではではありません。現状に満足せず、もっと成長して幸せになりたいと願っているからこそ、そう思うものだからです。

でも、人は憶病なもの。新しい自分を目指すには、変わらなければいけないとわかっていても、現状に甘んじてしまいがちです。

「今よりも幸せになりたい」と願う心に嘘はありません。たましいからの叫びだと思います。

この叫びを実現するためには考え方を変えることと、行動を変えることが必要ですが、人は変わることを怖がります。

「今の生活に満足はしていないけれど、変わろうとすればよくないことが起こるかもしれない」

「行動してみても、うまくいくかわからない。それなら何もしないほうがいい」

「変わらなければいけないのはわかるけれど、失敗して傷つくくらいなら、このままでいい」

そう思う気持ちが、私にはよくわかります。

私も臆病な自分と戦ってきましたから。

かつての私は「いいことの裏には、必ず悪いことが潜んでいる」「いいことばかり続くはずがない」と考えていました。だから悪いことが起こると「やっぱりね」と自分を納得させ、よけい悲観的になっていました。

ところが、すると、なぜかもっと悪いことが起きるのです。急上昇からどん底へ、仕事も人間関係も一気に下降したこともありました。

「私の人生はジェットコースターみたい」

考えてみたら、当たり前です。だって現状と向き合おうとしないで、何も行動せず、言いわけして逃げてばかりいたのですから。

もう、こんな人生は嫌！　こんな自分は捨てよう！

それが、逆転の発想で生き始めたきっかけでした。

「この世で起こるすべての出来事は、悪くなる方向には進めないようになっている。私たちが、よりよい人と付き合いたいと思うのも、チャンスを得ようとするのも、よりよい生活を望むのも、人生が常に上昇するように向かって動いている証。

たとえ前よりも悪い状態になっていると感じることがあっても、それは成長するために必要なこと。一時的なもの。それらを経験すればこそ得られる、たくさんの気づきや成長があるからこそ起きてくる。

だから、一見よくないことや悪いことこそ、大きな幸せにつながっている」

こう考え方を変え、それまでのウジウジした自分と縁を切ったのです。

すると不思議！　信じられないという方もいるかもしれませんが、好運の波が押し寄せてくる感覚を味わうことが増えたのです。


今のあなたがあるのは、過去の積み重ねです。

「輝かしい未来に生きる幸せな自分」になりたければ、今をどう生きるかが勝負。

未来のあなたは今のあなたがつくるのです。

成功は、0%から始まります。

だから、いつも真っ白なあなたでいましょう。

そのためには「捨てる」ことが不可欠です。それまでの自分、過去、腐れ縁、いらないもの……みんな捨てましょう。

真っ白な心に戻れるあなたであれば、どんなに大きな失敗をしようと立ち直ることができます。人生を切り開くことができるのです。


嫌いなものに縛られる時間を捨ててください。

弱気な自分を捨ててください。

捨てる勇気を持ってください。

それだけで、幸せを引き寄せられるあなたになれるのです。

［著者］

臼井由妃（うすい・ゆき）

東京生まれ。株式会社健康プラザコーワ／有限会社ドクターユキオフィス代表取締役。理学博士・健康医科学博士・ＭＢＡ・行政書士・宅地建物取引主任者・栄養士。

33歳で結婚後、病身の夫の跡を継ぎ、会社経営に携わる。次々にヒット商品を開発し、また独自のビジネス手法により通販業界で成功を収め、借金３億円を抱えた会社を年商23億円の優良企業に変える。その躍進がメディアにも注目され、日本テレビの「マネーの虎」（放送終了）の出演により全国にその名を知られるようになる。経営者・講演者・経営コンサルタントとして活躍する傍ら、数々の難関資格を取得し、その勉強法も注目される。

著書は『１週間は金曜日から始めなさい』（かんき出版）『10倍儲かる通販ビジネスの秘密』（日本実業出版）『ほめ言葉の魔法力』（ＰＨＰ研究所）『仕事の８割は人に任せなさい』（青春出版社）『稼ぐ社長・潰す社長』（学習研究社）など多数ある。

●ドクターユキオフィス
http://www.dr-yuki.com/

●ドクターユキブログ
http://plaza.rakuten.co.jp/dryuki/

大きなゴミ箱を買いなさい

2009年４月９日　第１刷発行
2009年５月19日　第２刷発行

著　者――臼井由妃
発行所――ダイヤモンド社
〒150-8409　東京都渋谷区神宮前6-12-17
http://www.diamond.co.jp/
電話／03･5778･7234（編集）　03･5778･7240（販売）
装丁――――松 昭教
本文デザイン―松好那名（matt's work）
編集協力――磯崎ひとみ
製作進行――ダイヤモンド・グラフィック社
印刷――――八光印刷（本文）・共栄メディア（カバー）
製本――――川島製本所
編集担当――笠井一暁

ISBN 978-4-478-00832-4